JUCIMAR CARDOSO

VOUS ÊTES UN CHAMPION

2020

Livre: VOUS ÊTES UN CHAMPION

Auteur: Jucimar Cardoso

Broché: 150 pages

Editeur: Independently Published

Date de publication: 17 novembre 2020

Langue: Français

ISBN-10:

ISBN-13:

Dimensions du livre: 15,2 x 0,6 x 22,9 cm

La reproduction totale ou partielle de cet ouvrage est

interdite, sans autorisation préalable de l'auteur.

Tous droits de cette œuvre réservés à l'auteur: Jucimar

Cardoso

SOMMAIRE

Chapitre 01 Vous êtes le propriétaire de votre destin 009

Chapitre 02 Ayez de l'amour et de la passion pour ce que vous faites 020

Chapitre 03 Soyez audacieux 026

Chapitre 04 Vous êtes la personne la plus importante 038

Chapitre 05 Soyez très reconnaissant 044

Chapitre 06 Liberté financière 042

Chapitre 07 Croyez votre le rêve est possible! 070

Chapitre 08 Focus 083

Chapitre 09 Zone de réussite 089

Chapitre10 Prenezla bonne décision! 104

Chapitre 11 Quel est votre cadeau? 109

Chapitre 12 Avoir des plans structurés 114

Chapitre 13 Quel est votre vrai rêve? 118

Chapitre 14 Sur quoi concentrez-vous vos pensées? 123

Chapitre 15 N'attendez plus plus tard!   130

Chapitre 16 Ce que vous voulez vraiment est possible   138

Chapitre 17 Nous sommes tous nés gagnants   142

INTRODUCTION

Le livre que vous êtes un champion aura un impact sur votre vie, changera votre façon de penser et d'agir, vous transformera en une meilleure personne et vous montrera que vous êtes plus capable que vous ne le pensez. Le succès réside en vous, réveillez le gagnant en vous. N'oubliez pas que l'avenir est pour vous et que vous pouvez avoir plus que vous ne le pensez si vous faites plus d'efforts, avec plus de détermination et de détermination. Commencez à chercher et à en avoir plus dans votre vie que ce que vous avez déjà. Croyez que vous avez le pouvoir de conquérir, de réaliser et d'avoir tout ce que vous voulez. Si vous avez eu plus de défaites que de victoires jusqu'à présent, c'est parce que votre esprit de vainqueur est encore endormi, mais il est temps de réveiller le vainqueur en vous, pour réussir. Afin d'éveiller le gagnant en vous, améliorez votre potentiel, concentrez-vous sur la réussite et restez proche des personnes qui croient en votre réussite.

Ne cherchez pas des chemins et des sorties faciles, car ils n'existent pas, ne voulez pas avoir de succès momentané, construisez votre chemin du succès avec une base solide, afin de ne pas tout effondrer au milieu du chemin. Si vous construisez solidement votre succès, vous n'avez pas à recommencer à zéro. Ne soyez pas ébranlé et ne vous souciez pas de la désapprobation des gens que vous aimez le plus et qui, il semble qu'ils ne croient pas en vos rêves, mais avec détermination, partez toujours à la recherche de votre victoire, car vous êtes né en tant que champion et avez tout pour être gagnant.

Vous avez juste besoin de faire un droit ici et là, pour commencer à réussir dans la vie, commencer à arrêter de faire les mêmes erreurs, avoir une base plus solide et avoir du sens pour continuer, sans que rien ne vous empêche de recommencer et, si nécessaire, de recommencer. un grand projet. Arrêtez d'essayer, faites de votre mieux pour accomplir ce que vous voulez dans la vie. Au début, cela peut sembler impossible, mais si vous commencez à bien faire les choses, vous obtiendrez ce que vous voulez. Arrêtez de vivre dans la zone de confort, commencez à faire tout votre possible pour atteindre tous vos objectifs, car il y a toujours un chemin et une sortie qui, s'ils sont suivis correctement, permettront la réalisation de tous vos rêves, dans les limites de ce qui était prévu . Cherchez vraiment vos rêves dans votre vie avec beaucoup de dévouement, de passion et beaucoup de détermination pour transformer votre rêve en réalité. Ne laissez rien ni personne interférer avec vos projets et dites que vous ne pouvez pas réaliser vos rêves et vos objectifs, avoir une direction, une direction et un chemin bien définis dans votre vie et toujours aller de l'avant, quelles que soient les opinions décourageantes. . Écoutez simplement les conseils de personnes expérimentées qui veulent votre réussite, car beaucoup disent qu'elles vous soutiennent, mais en réalité elles ne se

soucient pas de vos rêves, car elles ne voient que les résultats de

vos batailles, jamais votre douleur, la vôtre sacrifices et déceptions

tout au long de votre voyage pour arriver ici.

CHAPITRE 1
VOUS ÊTES PROPRIÉTAIRE DE VOTRE DESTINATION

Commencez dès aujourd'hui à suivre de nouveaux chemins, car ce n'est qu'alors que vous aurez un destin totalement différent, que seul jour après jour ne peut vous offrir, cherchez de nouvelles opportunités dans votre vie, combattez et ayez plus d'attitudes qui sont nécessaires pour changer votre vie, n'attendez pas, lutter et y arriver, car tout le changement dont vous avez besoin dépend entièrement de vous.

Vous êtes le seul à devoir maîtriser votre propre destin, quelles que soient les circonstances de la vie, ne jamais perdre le contrôle de votre destin, car c'est vous qui devez décider des chemins et de la décision à prendre, car si vous laissez cela les autres contrôlent votre destin, vous vivrez toujours une vie complètement médiocre et moins digne de ce que vous méritez, menant une vie sans signification et vous n'aurez jamais la paix intérieure d'un vrai champion, car vous aurez toujours un vide en vous-même, car tout sera lieu, vous sentirez que votre vie n'a pas de sens, alors arrêtez de continuer à suivre les opinions des autres, n'arrêtez jamais de vivre la vie de vos rêves et essayez de développer votre véritable potentiel, vivez votre vie en vous concentrant sur vos idéaux et combattez pour être ce que vous avez toujours voulu être dans la vie, éveillez votre vrai moi qui dort en vous.

Ne laissez pas votre passé continuer à contrôler et gâcher votre vie aujourd'hui, prenez une décision et arrêtez de souffrir, revivant ce que vous avez fait ou n'avez pas fait dans le passé. Tout ce qui se passe mal dans votre vie est dû au fait que votre passé d'échecs et de défaites continue de contrôler votre vie et de vous bloquer sur le chemin du succès. Construisez désormais un voyage réussi, en modifiant l'itinéraire que vous empruntez dans votre vie, ce qui vous conduit à l'échec complet. Vous ne découvrirez pas sa véritable essence si vous continuez à revivre et à méditer sur votre passé d'échecs et les déceptions, ce qui est inaltérable. Ne laissez pas votre passé influencer les événements de votre vie, ni du présent, encore moins du futur, pour que le succès et la prospérité dans tous les domaines vous atteignent. Laissez votre passé derrière vous aussi vite que possible, en laissant cette mauvaise habitude d'être contrôlé par ce qui reste. Planifiez votre avenir en commençant à changer vous-même et vos pensées limitantes qui vous empêchent de réussir. Oubliez tout ce qui vous est arrivé de mal et prenez simplement les bons moments avec vous. Oubliez votre passé et commencez à planter un grand avenir digne de vous. Changez votre destin en n'étant pas lié au passé. Commencez à vivre aujourd'hui intensément, comme si chaque moment était le dernier de votre vie, en vous donnant plus de valeur et en ne laissant pas les autres s'immiscer dans votre quotidien et dans votre vie, avec des opinions vides. Essayez d'être du côté de ceux que vous aimez vraiment et aimez avoir la compagnie, faites toujours «ce que» vous aimez et ne laissez pas les circonstances ou les gens gâcher votre bonheur, vous éloigner de ce qui vous rend malade et malheureux. Arrêtez simplement d'essayer et allez plus loin, faites plus qu'assez, donc si vous démarrez un projet, gardez à l'esprit que vous devrez le mener à bien, quoi qu'il arrive. Votre mission sera de réaliser vos rêves, car vous êtes celui qui est totalement responsable de votre destin. Alors arrêtez d'externaliser la responsabilité des résultats, votre destin est entre vos mains et c'est votre responsabilité, alors ayez plus de dévouement, de discipline et de contrôle de la situation. Allez de l'avant dans vos projets et cherchez à réussir dans votre vie, car si vous voulez quelque chose et ne rien faire, en attendant juste, vous ne pourrez jamais terminer vos projets et ne réussirez jamais avec de grandes réalisations dans votre vie.

Gardez toujours vos objectifs et vos rêves sous clé, car ce que vous rêvez et voulez avoir doit être gardé secret, car dès que les gens découvriront votre rêve, ils essaieront de vous démotiver en disant que votre rêve est impossible, car ils abandonneront leurs rêves et voudront vous faire abandonner et croire que votre rêve ne se réalisera pas non plus, alors ne laissez pas votre destin entre les mains des autres. Ne faites confiance à personne, car beaucoup diront que vous êtes votre ami juste pour avoir des informations sur vos projets, donc votre seule alternative est de ne pas permettre à de faux amis d'entrer dans votre vie, car beaucoup entrent dans votre vie et sont en train de "tailler" votre rêves, alors ne laissez plus cela arriver. Ayez plus d'amour inconditionnel pour vos rêves et ne les abandonnez pas, payez le prix qui est nécessaire pour les réaliser. Ayez en vous la conviction que votre rêve est possible, même si vous devez sacrifier vos week-ends pour apprendre quelque chose de nouveau et vous améliorer dans votre région. Je ne veux pas être comme la plupart des gens qui veulent juste vivre dans leur zone de confort. Soyez comme la minorité qui représente environ 5% de la population mondiale, qui peut dire qu'elle a une totale liberté financière, parce qu'elle a réussi dans sa vie.

Si vous voulez réussir, ce seront les petits détails qui peuvent changer la réalité de votre vie, ne laissez pas votre passé vous empêcher de chercher le succès aujourd'hui, prenez la décision d'utiliser vos erreurs comme moyen d'apprendre et ne vous découragez jamais face à la défaite, mais avoir comme objectif de vie de gagner plus et de perdre le moins possible, car le succès vient à ceux qui sont déterminés et chercheront au lieu d'attendre, car le succès ne vient pas par magie, mais par beaucoup de détermination et la détermination.

Aujourd'hui sera toujours le meilleur jour pour la transformation en vie, n'attendez pas pour passer à l'action demain, commencez maintenant et faites le premier pas pour changer votre vie pour de bon. Laissez les défaites du passé à partir de maintenant, pour changer votre vie, car la transformation ne viendra que si vous changez vraiment. Vous devrez changer vos pensées et vos sentiments pour vous transformer de perdant en véritable champion. Ayez des pensées et des attitudes positives dès le premier moment où vous vous réveillez, tout ce dont vous avez besoin pour devenir un vrai champion est avoir un objectif de vie et des objectifs bien définis, pour arrêter de vivre au hasard et commencer à atteindre vos rêves et objectifs, vous devez en apprendre un peu plus chaque jour, devenir un éternel apprenti. La défaite d'aujourd'hui vous apprend quelle manière d'éviter, vous devrez donc emprunter un nouveau chemin pour suivre le succès et gagner la prochaine bataille de chaque jour. Ce que vous croyez et dites que vous pouvez avec toute votre foi, vous pouvez réaliser et posséder, ce qui vous sépare de votre succès souhaité, c'est combien vous consacrez et croyez, améliorez votre performance, avez plus de désir de réaliser, non doutez de votre capacité, car tant que vous doutez que votre rêve est possible, il vous sera plus difficile de réaliser quelque chose de plus grand dans votre vie.

Ayez toujours des pensées positives et commencez à vous éloigner des personnes négatives, éveillez l'esprit du gagnant, approchez des personnes motivées et positives, qui ajoutent plus de valeur, apportent plus de connaissances et d'expérience, car vous n'avez pas tout le temps dans le monde, pour vivre en faisant toutes sortes d'erreurs, et avec les expériences des autres, vous pouvez avoir un meilleur bagage de vie, et ne pas faire les mêmes erreurs que les autres, vous gagnez ainsi du temps et de la souffrance. Éloignez-vous des environnements et des personnes négatifs, ce qui ne vous ajoutera aucune valeur, au contraire cela vous découragera et vous fera vous sentir mal, vous éloignant du chemin qui vous mènera au succès. Soyez un gagnant, réveillez-vous et dormez comme un champion. Croyez et sentez que votre désir est quelque chose de possible et digne de conquérir, ne laissez pas une défaite ou un moment vous décourager, vous avez peut-être raté une opportunité, mais vous n'êtes pas un perdant, vous êtes un champion juste en vous battant et en commençant quelque chose nouveau et avoir un objectif dans votre vie, ne cessez jamais de vous sentir comme un gagnant, car vous êtes un champion de la vie.

Soyez dévoué et discipliné, toujours à la recherche de votre rêve, ne laissez pas la distraction du jour le jour vous éloigner de votre objectif. Hier n'a peut-être pas été possible, faute de connaissances et de compétences accrues, mais aujourd'hui est le jour pour vous de changer avec de nouvelles pensées et de nouvelles attitudes, car suivre les mêmes chemins ne mènera qu'à plus de défaites, promettez-vous qu'à partir de ce moment , vous aurez d'autres attitudes et serez déterminé à gagner.

Investissez dans la connaissance et commencez à prendre la responsabilité de vos décisions, ne vous laissez pas guider par la vie, mais en la menant sur le meilleur chemin, en transformant votre destin une fois pour toutes. Sentez-vous un grand méritant et conquérez la vie dont vous avez toujours rêvé. Alors sortez de votre zone de confort et cherchez ce que vous voulez. Arrêtez d'être un passager dans votre propre vie et commencez à être le réalisateur, l'acteur principal de votre vie. N'attendez pas que la vie passe, faites bouger les choses à votre façon, changez si quelque chose ne vous plaît pas, car vous méritez de vivre la vie en tant que champion, commencez à vous donner plus de valeur et réalisez vos rêves et vos désirs.

N'arrêtez jamais d'avoir des projets et de rêver, ne vous découragez pas. Arrêtez de vous évanouir et attendez que les événements changent votre vie, commencez à faire quelque chose maintenant. Arrêtez de vous sentir vaincu, cherchez plus de motivation et laissez-vous inspirer par les personnes qui réussissent. Arrêtez avec des pensées négatives et sentez-vous limité et incapable de réaliser vos rêves et vos objectifs, car à l'intérieur vous avez un esprit gagnant, réveillez-vous avec les victoires de votre vie. Vous êtes et serez toujours un gagnant, méritant toujours une place de choix. Ne vous contentez pas d'être juste un autre dans la foule. Arrêtez d'être accommodé, voulez être meilleur qu'hier et faites toujours des progrès, cherchez à vous améliorer, cherchez plus de connaissances. Vous êtes le seul à pouvoir et à contrôler les choix et les décisions de votre vie, pas les autres. Sentez-vous déterminé à ne pas être contrôlé par les émotions, votre les décisions doivent être prises par la raison et non par l'émotion, car de mauvais choix peuvent vous conduire à des chemins et des échecs indésirables. Vous êtes le protagoniste de votre vie, vous ne pouvez donc pas accepter de vivre une vie limitée et privée. Recherchez la réalisation de vos rêves et ayez de la grandeur dans votre vie, car vous êtes un être prédestiné au succès. D'une certaine manière, votre victoire est en route, croyez toujours.

CHAPITRE 02

AVEZ DE L'AMOUR ET DE LA PASSION POUR CE QUE VOUS FAITES

Cherchez ce qui vous fait sourire et vous sentez bien, et éloignez-vous de ce qui vous fait vous sentir mal et démotivé, ayez un amour inconditionnel pour ce que vous faites, car si vous faites quelque chose qui vous fait vous sentir mal, il vaut mieux arrêter de le faire. Faites ce qui vous fait du bien, avez la volonté de gagner et de réussir, ne restez jamais dans un travail ou une relation qui vous rend malheureux et découragé, car la vie est faite de petits moments qui sont maintenant. La vie est un souffle et le temps est très précieux, à gaspiller sur des projets et sur des personnes qui partent sans raison de gagner. Éloignez-vous des personnes qui ne contribuent pas au progrès de votre vie, construisez votre histoire avec des projets et des personnes de valeurs, qui font de vous un véritable champion de la vie.

Éveillez votre vrai moi, cherchez des expériences merveilleuses dans votre vie et commencez à suivre davantage votre voix intérieure, qui est une sorte de conseiller, qui vous guide et vous conduit vers les meilleurs chemins et décisions à prendre, ne voulant que votre bien. , et vous montrant les voies et les bons conseils à suivre. Combien de fois avez-vous échoué à prendre une bonne décision en n'entendant pas votre voix intérieure, à partir d'aujourd'hui, lâchez tout ce qui n'est pas bon dans votre vie, laissez le bagage de l'échec du «stress» et de tout ce qui vous a fait du mal dans votre passé et commencez à marcher plus légèrement dans la vie, vers un nouveau chemin de victoire et de gloires dans votre vie, voulez vraiment et combattez pour que vos objectifs soient atteints. Éliminez de votre vie les gens qui vous rendent malheureux, qui vous sentent mal, ils ne devraient plus faire partie de votre vie.

Ne laissez pas votre vie être contrôlée par les opinions des autres, qui ne contribuent pas ou n'ajoutent pas de valeur à votre voyage. Il semble que jusqu'à présent vous ayez de toute façon vécu une vie, sans même croire en vos rêves. Arrêtez de vivre limité, trouvez un autre moyen de sortir de votre vie et arrêtez d'accepter les échecs, changez de trajectoire, partez pour le succès, vers les réalisations, même après tant de défaites subies, ne vous laissez pas submerger et quoi qu'il arrive. N'arrêtez jamais de vous battre et de croire, car vous pouvez avoir plus que ce que vous avez jamais accompli dans votre vie, voyager dans des endroits que vous n'auriez jamais imaginés. Vous manquez plus d'audace et croyez plus en vous, commencez à vivre la vie de vérité, à être en charge de votre destin, à vous battre dès maintenant pour vos rêves, même si votre désir peut paraître impossible, croyez-moi, il y aura toujours un moyen d'accomplir tout rêve que vous avez ou pourriez avoir. Arrêtez de parier sur les rêves des autres et commencez à parier et à réaliser vos propres rêves, cela peut ne pas sembler facile, mais tous ceux qui ont réalisé quelque chose dans la vie ont commencé et ont cru dès le début qu'ils pouvaient le réaliser, et n'ont pas attendu, n'ont pas douté de vos projets, alors croyez en vous et en vos rêves.

Aujourd'hui, votre vie est pleine de défaites, car vous avez vécu et vivez du côté des vaincus qui vous abattent, vous laissant vous sentir vaincu. Si vous voulez changer votre vie, vous devrez vous éloigner des environnements et des gens négatifs, si vous vivez du côté des gens négatifs, il sera impossible de changer votre vie, car ils vous feront sentir que vos rêves ne sont que des illusions, mais la plus grande illusion est de croire que tous ceux qui dans nos vies, ils veulent notre bien ou ils nous soutiennent vraiment. Apprenez que les gens ne font que passer et c'est pourquoi ils ne se soucient pas de vous et de vos rêves, vous pouvez vivre sans eux, allez-y, car vous avez le droit total d'avoir tout ce qui vous rend plus heureux, alors commencez dès aujourd'hui à bien vivre votre vie, ayez une direction à prendre. Ne laissez pas le destin prendre le contrôle, maintenant vous êtes celui qui fait que votre destin se réalise, toujours à la recherche de ce qui est bon pour vous et en vous battant pour votre but, en cherchant uniquement ce que vous voulez vraiment et qui a appris des erreurs de la vie, abandonner pour vous cela n'en vaut plus la peine, car maintenant vous avez une direction et une direction où vous voulez aller plus clairement, parce que maintenant vous croyez que l'impossible n'existe pas pour vous.

Quelle est votre priorité dans la vie? Qu'est-ce que tu veux vraiment avoir? Si vous laissez la peur vous empêcher de faire quelque chose, vous faire abandonner vos rêves, quelque chose qui vous motive à vouloir atteindre le sommet et qui vous fait vous sentir plus fort et vous rend inébranlable, cherchez quelque chose qui vous fait vous sentir comme un champion, vous motiver à déplacer des montagnes, si nécessaire pour réaliser votre objectif ou votre rêve.

La vie a été dure pour vous jusqu'à présent, parce que vous êtes doux et que vous ne croyez pas ou ne vous battez pas vraiment pour vos rêves, jusqu'à ce que vous adoptiez une attitude de champion et que vous fassiez tout pour mériter ce que vous voulez, la vie battra davantage plus difficile que vous ne le pensez et il n'y aura personne pour vous élever. Si vous ne croyez pas en votre véritable potentiel, car cette lutte et ce défi ne sont que les vôtres et si vous ne faites pas ce qu'il faut, personne ne se battra ou ne le fera à votre place, pour réaliser vos souhaits. Ne laissez plus le temps voler vos nuits de sommeil, pour vous demander si vous aviez fait «ceci» ou «cela» tout serait différent. Si vous voulez avoir une vie différente, vous devrez être une nouvelle personne avec de nouvelles pensées, habitudes et attitudes et il sera essentiel que vous croyiez toujours en vous.

CHAPITRE 3

SOYEZ AUDACIEUX

Soyez plus audacieux que lâche, soyez un génie, faites quelque chose que peu font et réussira, que seules les personnes vraiment déterminées peuvent réaliser dans la vie, suivez davantage vos intuitions et arrêtez d'être un touriste dans votre propre vie, cela seulement voit la vie passer. Commencez à construire le chemin de votre avenir avec des objectifs de vie, avec des piliers solides, en étant cohérent avec vos pensées et vos décisions, en faisant toujours ce que vous dites, avec la devise à partir d'aujourd'hui de ne jamais abandonner vos vrais rêves, d'avoir plus d'audace et discipline dans la recherche de ce que vous voulez accomplir et changer dans l'histoire de votre vie. Beaucoup disent qu'ils veulent faire une histoire différente dans leur vie, cependant, peu en fait se concentrent et sont déterminés à changer vraiment, à briser la barrière de l'impossible, à sortir de la routine d'une vie terne, à commencer à s'aimer davantage et à se battre davantage, avec passion et beaucoup de détermination avec ce que vous voulez être, être la personne que vous voulez devenir. Commencez à risquer davantage, il vaut mieux perdre en essayant, que de laisser la vie arriver et quand il est trop tard, insister sur le passé pour votre manque d'attitude et de courage d'avoir pris un chemin différent dans votre existence. Par exemple, laisser partir l'amour de votre vie, faute d'oser montrer en fait à quel point vous vouliez gagner le grand amour de votre vie. Découvrez quel est le sentiment qui vous motive, qui vous donne envie de vous battre pour de vrai, sans tergiverser et sans avoir peur, plus grand que n'importe quel obstacle ou difficulté, ce que vous voulez vraiment est à votre disposition, alors allez-y et battez-vous pour quelque chose qui croyez, et voulez vraiment avoir, ne laissez pas votre vie être incomplète, combattez pour vos rêves, pour vos idéaux de valeur. Ce qui semble parfois inaccessible, quelqu'un a déjà accompli quelque chose de similaire ou de similaire à ce que vous recherchez, cela prouve que votre rêve est possible, des rêves que vous n'avez pas pu réaliser hier, peuvent être réalisés aujourd'hui, recherchez la sagesse ou capacité qui vous manque à réaliser, réaliser et posséder, chercher les bons moyens de rendre vos rêves possibles, améliorer votre potentiel, améliorer ce qui vous empêche de réaliser votre rêve, ne laissez pas le temps succomber à vos rêves et désirs, il n'est jamais trop tard pour réaliser un grand rêve ou souhait, allez-y même si personne ne soutient vos projets, car vous seul savez et avez une idée de ce que vous appréciez et devez valoriser votre existence.

Il y a un monde infini de possibilités et de réalisations qui vous attendent et attendent d'être conquis et de commencer à faire partie de votre vie. Soyez persévérant dans la poursuite de votre désir et ne laissez jamais la flamme de vos rêves s'éteindre, car il y a un monde de grande abondance et de prospérité dont vous pouvez profiter. Si des obstacles apparaissent, surmontez-les, n'ayez pas peur, créez de nouveaux chemins, une solution pour l'instant, commencez à avoir une vision d'un millionnaire, toujours très déterminé, audacieux et qui croit toujours en ses projets de vie, commencez à partir d'aujourd'hui pour cesser d'être juste un rêveur et devenir un réalisateur de vos rêves et projets. À partir de maintenant, à chaque bataille que vous entrez, entrez pour gagner des victoires et plus de victoires, cessez d'être un perdant pour devenir un gagnant.

Commencez à avoir un projet de vie, car si vous n'avez pas de projet de vie, vous aurez toujours une vie simple et stagnante. Ne plus être ordinaire, être un de plus dans la foule, votre vie ne commence à avoir un sens réel que lorsque vous cessez de vous sentir victime de la société et que vous commencez à vivre intensément, à la recherche de la réalisation de vos rêves. Commencez à planter la graine du bonheur, de la prospérité et de l'amour, et l'abondance viendra en conséquence et vous en récolterez les fruits à l'avenir. Abandonner ne sera jamais la meilleure solution, cessez d'être conformiste et acceptez moins que ce que vous méritez, affrontez les grandes batailles de la vie, car les petites batailles vous mèneront à de petites conquêtes insignifiantes. Ayez de grands objectifs et des rêves, voyez grand et ne pensez jamais à abandonner, vous êtes déjà né champion, peu importe à quel point le monde vous tire vers le bas et essayez de vous faire sentir plus comme un perdant, ne vous laissez pas abattre par les humiliations que les gens font avec vous, arrêtez de faire partie du peloton, arrêtez de vous sentir comme un perdant, maintenant l'univers ne fera que vous remonter le moral et vous offrir de bons moments, pour vous donner des raisons de célébrer, de plus en plus de victoires dans votre vie, car désormais vous serez à nouveau un succès, rien maintenant ne vous empêchera de réaliser vos rêves aujourd'hui, demain et pour toujours, car maintenant vous êtes devenu un réalisateur d'objectifs et de rêves.

N'acceptez pas les défaites, qui frappent à votre porte et vous conduisent à l'échec, réveillez-vous maintenant dans une nouvelle vie, commencez à avoir la mentalité de champion, arrêtez de continuer à ouvrir les portes des défaites dans votre vie, commencez dès aujourd'hui les portes du succès et des réalisations. Rien n'est impossible à accomplir, si vous ne réussissez pas dans ce que vous recherchez, simplement la raison est de le faire dans le mauvais sens, car tout ce qui est recherché et fait correctement vous mènera au succès et aux réalisations, si vous persistez. dans les mêmes erreurs, vous n'obtiendrez pas la bonne solution pour changer votre vie. La même attitude ne vous mènera qu'aux mêmes résultats d'échecs et de déceptions que vous avez rencontrés dans votre vie.

Vous faites tout, même l'impossible et ce n'est toujours pas suffisant pour réaliser votre grand rêve et la seule issue est d'abandonner, ne faites pas cela, vous méritez de gagner dans la vie, réfléchissez à ce que vous faites de mal et vous empêche de progresser vers le succès. Surmontez vos limites maintenant, brisez les murs qui vous séparent de vos rêves, traversez la vallée de l'improbable, surmontez la barrière de l'impossible et commencez à penser, je peux et déterminer les victoires dans ma marche, essayez plus, faites plus et faites le impossible de se produire dans votre vie, Déterminez un objectif dans votre vie et passez à autre chose jusqu'à ce que vous accomplissiez l'exploit qui semblait apparemment impossible, car tout dans le monde est possible juste à volonté, avec beaucoup de travail et de détermination.

Les gens sont bien traités pour avoir une bonne situation sociale et financière et plus leur pouvoir dans la société est grand, plus leur valeur pour les autres est grande. Les gens d'aujourd'hui valorisent chez les autres les biens patrimoniaux qu'ils possèdent, la voiture qu'ils ont dans le garage, l'immobilier, le compte bancaire, etc. La société ne verra quelqu'un en vous que si vous avez un bon pouvoir d'achat et beaucoup d'argent, mais ce ne sont que des emballages et des étiquettes sur lesquels la société essaie de vous mettre, vous êtes plus que ce que vous avez, votre valeur réelle est d'avoir la vie de vos rêves. Alors que les gens sont de moins en moins satisfaits de vivre simplement sur des étiquettes, de vivre comme un produit, ne laissez pas les étiquettes qui vous placent vous empêcher de vous battre pour vos rêves, peu importe ce que les autres attendent de vous, travailler sur les vôtres. développement personnel, ne laissez pas les gens et les circonstances vous enlever votre essence, vous devez toujours être prêt à gagner et laisser de bonnes notes où que vous alliez, vous ne devez pas être simplement un autre employé de l'entreprise, vous devez chercher à être le meilleur, le plus serviable et le plus collaboratif , devrait suivre une carrière, être toujours le meilleur dans tout ce que vous faites, arrêter d'être une personne ordinaire , restez toujours dans les mémoires pour vos bonnes performances et laissez les portes ouvertes partout où vous allez, car nous avons toujours notre propre valeur, qui n'est pas dans les vêtements que nous portons. Essayez toujours d'être le meilleur dans le poste et battez-vous pour obtenir le poste que vous souhaitez, car étant les meilleurs, d'autres entreprises auront votre référence et voudront que vous fassiez partie de leur personnel, donc elles vous fourniront un meilleur salaire que l'actuel. vous offre, et une vie meilleure et plus confortable émergera. Avoir des objectifs de vie, vouloir avoir une vie meilleure et réussir, c'est entre vos mains, car le meilleur pour vous ne peut être bien fait et exécuté que par vous et par personne d'autre.

La montée arrive du découragement et des excuses, maintenant vous allez faire ce qui doit être fait et il ne reste plus rien pour plus tard, ce que vous enverrez dans votre voix intérieure. Réveillez ce guerrier primitif, endormi en vous qui vient de vos ancêtres, que s'ils voulaient manger, ils devaient chasser et vivre au milieu de la jungle et des prédateurs, et aujourd'hui vous semblez avoir peur même d'un cafard dégoûtant et inoffensif, plus que vous ne pouvez ne rien faire et vous faire peur, essayez simplement, arrêtez de vous accrocher aux jetons de la vie, pariez plus, croyez plus en vous et maintenant il est temps d'agir. Car il n'y aura jamais le meilleur moment ou le moment idéal pour faire quelque chose, même si tout n'est pas à sa place, il est maintenant temps d'agir, de ranger ce qui est foiré et d'aller au combat, car maintenant vous êtes un guerrier qui entrera en jeu. toutes les batailles pour gagner et si vous devez vaincre des lions dans votre vie vous ferez face sans crainte et ne reculerez pas dans vos projets, et ne mettrez pas de côté ce que vous voulez vraiment. Aujourd'hui, vous n'avez que de l'audace et votre vie n'a qu'une seule direction, la voie du succès, car rien d'autre ne vous est impossible. Le chemin du succès est ce qui compte le plus, c'est ce qui vous motive et peu importe si vous devrez vous battre seul pour gagner, ne laissez aucun obstacle vous arrêter, si vous n'êtes pas avec celui que vous aimez n'acceptez pas de vivre votre vie avec quelqu'un d'autre, faites-le l'impossible à conquérir qui a du sens dans votre vie amoureuse, parce que votre intérêt est clair et défini, ne détournera pas l'attention de vos désirs et n'acceptera plus les miettes de personne, vous arrivez de ballades et de clubs et vivez avec des passions, qui ne le fait pas comble ton désir fou d'être du côté de l'être cher, assez de vouloir être ami avec celui que tu aimes juste pour être proche de ta vie, maintenant c'est tout ou rien vous êtes trop gros pour accepter des miettes vous êtes unique et la vie est un souffle pour vous de souffrir pour quelqu'un, aussi remarquable que cela soit dans la vie, rien n'est définitif maintenant, car demain est une possibilité qui peut arriver ou pas, mais le présent est déjà réel, donc rien ne doit être un obstacle pour que vous vous perdiez, vous vous levez et passez à autre chose, ne soyez pas ébranlé, il y a des possibilités infinies dans tous les domaines de la vie, sachez que vous êtes la personne la plus importante et que votre désir d'être heureux est le plus important, et ne mettra pas de limites à vos rêves, l'impossible pour vous n'est plus. Prouvez au monde que tout le monde a tort et que vous gagnerez dans la vie, car votre rêve est le vôtre et celui de personne d'autre, alors ne laissez personne commander votre destin, insistez et vous réussirez.

CHAPITRE 04

VOUS ÊTES LA PERSONNE LA PLUS IMPORTANTE

Ayez toujours l'amour de soi et ne laissez jamais le monde déterminer votre valeur, donnez-vous la valeur que vous méritez et ne laissez personne vous faire vous sentir mal ou vaincu. Dans la vie, beaucoup de gens réussissent, mais peu marquent. Beaucoup de gens n'obtiennent rien dans la vie et voudront vous dévaloriser pour que vous ne soyez pas trop gros. Les personnes les plus proches de vous sont les premières à vous critiquer et à dire que votre rêve est impossible ou même un rêve «fou» et dans la première difficulté, elles vous abandonneront. Vivez avec des gens qui croient vraiment en votre rêve, vivez avec ceux qui ajoutent de la valeur et non avec ceux qui vous abattent.

La vie est une guerre quotidienne où il y a des batailles internes et externes dans votre vie à tout moment dès le premier moment de votre journée, car vous décidez si vous vous réveillerez plus tôt ou si vous resterez au lit plus longtemps, et si vous vous réveillez de mauvaise humeur projet important pour plus tard, alors changez ce concept dans votre vie maintenant, car c'est dans les petits moments que le sens de la vie change, votre manque d'attitude vous empêche d'être grand dans la vie, et le laisser pour plus tard peut être trop tard, alors cessez de remettre à plus tard et commencez à réaliser l'impossible dans votre vie, ne laissez rien ni personne vous empêcher de réaliser vos rêves. Commencez à abandonner la peur et ayez foi qu'il est possible de réaliser vos désirs et vos rêves. Pense à la joie que tu ressentiras faites ce que vous voulez et restez déterminé à réaliser votre rêve, car vous avez le pouvoir et le droit de réaliser tout ce que vous rêvez.

Vous pouvez rater de grandes opportunités dans votre vie si vous laissez la peur continuer à vous retenir. Écoutez la voix intérieure qui veut vous conduire au succès. Soyez prêt et mûr avec les chutes de la vie. Arrêtez de passer toute votre vie à accepter les défaites et commencez à trouver une nouvelle direction dans votre vie. C'est dans les grandes défaites et déceptions que l'on se rend compte qu'il faut changer, car s'il continue de la même manière, il subira les mêmes défaites, fera de son mieux pour changer et cessera d'attendre que le destin se produise. Faites en sorte que le destin et l'univers conspirent en votre faveur, car lorsque vous voulez quelque chose de vrai, vous ne pouvez pas mesurer les efforts pour atteindre l'objectif souhaité. À ce moment de la vie, levez-vous et dites: Cette fois je chercherai de nouvelles opportunités pour réaliser quelque chose de grand dans ma vie et rien ne m'arrêtera, je ferai tout ce qui est possible et nécessaire, pour réaliser ce que je veux tant dans ma vie, car cela le désir est plus qu'un rêve c'est ce qui me motive à vivre et à réaliser et je ne jetterai pas ce rêve qui m'émeut et donne du sens à la vie.

Commencez à agir différemment, car si vous le faites correctement, vous n'aurez pas à recommencer à vous battre et à la fin de la bataille, vous gagnerez. Arrêtez de vivre au hasard et dans l'illusion que le destin vous sera miséricordieux. Assurez-vous que si vous n'agissez pas, le destin n'aura aucune pitié pour vous. Arrêtez d'accepter et de permettre les défaites dans votre vie, dans la vie vous n'obtenez que ce que vous voulez, si vous profitez des opportunités que la vie offre, si vous ne faites rien de grand, cela se produira. Arrêtez de trouver des excuses pour pouvoir abandonner, car aussi facile qu'il soit d'abandonner, il faut souhaiter très fort pour vouloir gagner et il faudra suivre le chemin du sacrifice, de la douleur, de la lutte de persévérance et de détermination, car vous seul pouvez recommencer est un gagnant et le meilleur au monde est sauvé à la fin, après avoir payé le prix pour réussir dans la vie, car la détermination et la détermination font un champion.

.Ne vous découragez pas et rougissez dans les coins, ne pensez pas que vous avez échoué dans la vie, aussi douloureux que soit la défaite, le départ d'un être cher, vous devez suivre votre vie de manière pleine et heureuse, personne ne possède personne, mais vous possédez votre destin vous n'êtes peut-être pas heureux tout le temps mais vous avez l'obligation de vous lever et de passer à autre chose, vous n'avez pas besoin de personnes ou d'objets pour être la personne la plus heureuse du monde, regardez la paix que vous ressent dans le simple regard d'un nouveau-né, la plus grande responsabilité de mener sa vie de la meilleure façon, aujourd'hui est une vérité absolue, mais demain est incertain, assez d'avoir le visage d'une personne triste qui souffre de faire de ses rêves une réalité, quand vous levez la tête et partez à la recherche de vos rêves votre esprit change en ce moment, chaque plaisir et épanouissement dépend de votre détermination, de ce que vous croyez possible et avez le fort objectif de ne pas abandonner, car il vaut mieux insister sur un rêve de que vivre une vie ratée accepter la similitude de la vie quotidienne, changer la routine de votre vie, vous avez le droit rêver en grand et a le potentiel de dépasser les attentes et d'avoir bien plus que ce que vous rêvez.

CHAPITRE 05

ÊTRE TRÈS REMERCIANT

Commencez à remercier le créateur de l'univers pour tout ce que vous avez déjà, mais ne soyez pas limité, voulez accomplir beaucoup plus, car le créateur de l'univers veut que vous ayez beaucoup plus, pour réaliser de grandes choses. Il veut que vous ayez l'abondance dans votre vie, alors pensez grand, si vous en voulez plus dans votre vie, il ne mettra pas en colère le créateur de l'univers, au contraire il sera très heureux de voir que vous voulez grandir et réussir. Le créateur de l'univers fera apparaître de grandes opportunités dans votre vie afin que vous puissiez réaliser vos idéaux et vos rêves, profiter de ces grandes opportunités qui peuvent changer votre vie et peuvent ne pas se répéter au cours de votre vie, car ce sont les petits signes qui apparaissent et peuvent changer l'histoire et les directions des événements de votre vie.

N'abandonnez jamais la grandeur, la richesse et l'abondance, car vous êtes digne et digne d'avoir et d'être tout ce que vous voulez. Le créateur de l'univers vous accompagnera toujours dans tous vos projets, en vous soutenant toujours sans condition.

Ce que vous pensez semble impossible, car le créateur de l'univers est déjà totalement possible et il y a déjà un chemin fait pour que vous l'accomplissiez, il vous suffit de croire que c'est déjà possible. Tout ce dont vous rêvez encore, remerciez au quotidien le créateur de l'univers et demandez-lui d'éclairer vos chemins et votre direction. Vivez plus avec gratitude pour tout et pour tous ceux qui vous aident sur votre chemin vers le succès et ne soyez jamais ingrat envers ceux qui vous ont aidé, n'oubliez jamais qui vous a soutenu quand personne d'autre ne croyait en vous. Le créateur de l'univers ouvre déjà de nombreuses portes et chemins dans votre vie, dans les moments difficiles demandez et le créateur de l'univers vous éclairera, mais ne jetez jamais les faveurs et l'aide fournies au visage de qui que ce soit, n'humiliez jamais personne pour vous sentir mieux ou supérieur , parce que l'argent et le pouvoir ne vous rendent pas meilleur que quiconque, mais vous procurent confort et luxe, mais nous sommes tous des bijoux de grande valeur pour le créateur de l'univers, certains sont rugueux et d'autres sont déjà polis et ils savent qu'ils peuvent accomplir et conquérir , d'autres n'ont pas encore découvert sa vraie valeur.

CHAPITRE 06

LIBERTÉ FINANCIÈRE

Pour la liberté financière, nous devons être plus des investisseurs que des consommateurs, arrêter de dépenser plus que ce que nous gagnons, ne pas vous endetter pour rembourser d'autres dettes, car les dettes ne feront qu'augmenter vos dettes, vous devez vous concentrer sur l'expansion de vos sources de revenus et réduisez vos dépenses superflues, cela ne vous fera pas avoir plus d'argent et cela vous privera aussi des petites choses, essayez d'avoir d'autres sources de revenus. Vivez en dessous de vos moyens, vous n'avez pas à vivre dans un bon quartier juste pour vous montrer, vous n'avez pas à acheter des vêtements de créateurs pour montrer que vous êtes une personne que vous n'êtes pas, concentrez-vous sur l'avoir et ne pas paraître. Économisez un peu de ce que vous gagnez et commencez à investir, ayez peur au début, laissez-le en épargne et créez un compte bancaire pour pouvoir déposer des sommes d'argent qui se trouvent sur votre compte d'un million de dollars, qui ne peuvent pas être dépensées pour des conneries et superflu, uniquement en cas d'urgence. Considérez ce compte bancaire comme votre source de richesse. Lorsque vous commencez à épargner et que vous constatez que votre compte bancaire s'améliore, votre volonté d'épargner sera plus grande que votre volonté de dépenser. Commencez à apprendre comment fonctionne le marché de l'investissement. Lorsque vous avez un solde considéré à la banque, ouvrez votre propre entreprise, arrêtez d'être employé, vous méritez et pouvez posséder votre propre entreprise, être le propriétaire de votre destin, à la fois personnel et financier, car travailler pour les autres vous ne laisserez que les autres plus riche et n'aura jamais la vie dont elle rêve, leur star est née pour briller et pas seulement pour être une de plus dans la foule.

Arrêtez de faire les choses pour plaire aux autres, arrêtez de faire plus de dettes et arrêtez de consommer, achetez des choses que vous n'utiliserez pas beaucoup et que vous n'aurez pas beaucoup de contrôle sur vos dépenses, et si vous voulez prospérer, vous devrez cesser d'être un dépensier et commencer à être un investisseur. La plupart des gens sont des consommateurs, qui achètent des produits et des services à la minorité qui sont les plus riches et qui ont de l'argent, alors qu'ils passent leur vie à essayer d'accroître leur richesse, mais la plupart aiment simplement avoir et posséder comme s'il n'y avait pas de lendemain. Mais demain vient, voici les dettes et les comptes fournisseurs, alors visez maintenant à épargner et à investir, croyez avant tout en votre potentiel de croissance.

Si vous avez un réel engagement à développer votre entreprise et à augmenter vos actifs, essayez d'augmenter vos sources de revenus, n'achetez pas de choses et d'objets dont vous n'avez pas besoin, ce qui ne fera que diminuer votre compte bancaire, ne dépensez pas en vêtements de marque pour ressembler à un millionnaire, économisez maintenant pour devenir un vrai millionnaire dans le futur, ceux qui sont déjà riches ne se soucient pas de savoir si leurs vêtements sont à la mode ou non. Beaucoup de gens quand ils deviennent riches, deviennent célèbres et vivent une vie de luxe. Quand ils perdent tout ce qu'ils sont oubliés, ils parviennent à devenir plus pauvres que lorsqu'ils sont devenus célèbres, car ils n'ont pas perdu l'esprit de pauvreté et ils n'ont pas laissé l'esprit de richesse prendre le dessus sur leur conscience, juste leur compte bancaire, ils sont devenus millionnaires physiquement et non psychologiquement et mentalement, ils ont un succès momentané, ils ne pensent qu'aux dépenses qu'ils n'économisent pas, ils n'arrêtent pas d'être des gens ordinaires, ils dépensent tout ce qu'ils gagnent et quand ils se réveillent ils verront qu'il n'y a rien et pour aggraver les dettes tellement qu'ils semblent inestimables, donc les croyances de ces gens sont d'un esprit limité et croient que l'impossible existe, mais les gens qui sont vraiment déterminés dépassent les limites et savent que tout est possible.

Beaucoup disent vouloir être riches, mais ne prennent pas les mesures nécessaires pour changer et se préparent à gérer le peu qu'ils ont, s'ils veulent prendre soin d'une fortune, ils devront se consacrer à être un bon gestionnaire de leurs propres finances, car la connaissance est le le pouvoir de vous libérer de la vie des limitations et peut vous rendre la vie plus confortable, pour cela vous devrez avoir plus de dévouement et de discipline pour fournir la réalisation de vos rêves et avoir une maison, une voiture et pouvoir voyager partout dans le monde . Arrêtez de vous priver et d'accepter le peu que vous avez déjà, voulez plus et essayez toujours d'être le meilleur dans tout ce que vous faites, faites toujours de votre mieux et dépassez vos limites et allez-y et gagnez.

Si vous voulez devenir riche, arrêtez d'avoir des pensées et des sentiments négatifs et ne soyez pas jaloux de ceux qui sont déjà riches. Les riches y sont arrivés parce qu'ils ont fait ce qu'il fallait vraiment faire et n'ont pas hésité à poursuivre leurs rêves. Ne laissez pas vos émotions ou votre âge vous empêcher de réussir, car il n'est jamais trop tard pour commencer à réaliser un rêve, car vous savez que votre avenir ne dépend que des choix que vous faites aujourd'hui, la devise d'un gagnant est d'aller de l'avant jusqu'à réalisez et réalisez vos rêves. Sentez que vous en êtes déjà digne et croyez fidèlement que votre désir du plus fou qu'il puisse paraître à certains, est ce qui devrait vous conduire vers des réalisations et des réalisations.

La façon dont vous gérez l'argent et y pensez est celle qui détermine si vous pouvez ou non réaliser votre rêve, si vous voulez avoir plus de confort dans votre vie, allez-y à la recherche de la prospérité financière, car le créateur de l'univers ne le laissera jamais pour réaliser vos rêves et ne voudrez jamais que vous ayez des ennuis financiers, au contraire, le créateur de l'univers est triste que vous ne pensiez pas être capable de conquérir, car le créateur de l'univers est présent à tout moment à vos côtés et sait de votre véritable potentiel, le créateur de l'univers sera toujours votre forteresse lorsque vous tomberez et en aurez besoin. Donnez votre main pour vous lever, ce sera sa main qui sera toujours prête à tendre la main, pour que vous puissiez vous lever. N'arrêtez jamais de faire confiance à vous-même et à votre potentiel, car vous êtes la création parfaite du créateur de l'univers et vous avez le pouvoir de construire et d'atteindre n'importe quel objectif de votre vie, car vous avez le droit de profiter de tout ce qui existe dans l'univers, vous pouvez conquérir tout ce que vous rêvez et désirez. Sachez que l'argent dégage une sorte d'énergie et de vibration et si vous n'êtes pas en phase avec la prospérité et l'abondance, tant que vous restez concentré sur la pauvreté et le manque d'argent et que vous donnez à l'univers un sentiment de pauvreté, vous garderez la pauvreté dans votre vie. la vie, car ce sur quoi vous concentrez le plus vos pensées est ce que vous attirez et expérimentez dans votre vie réelle. Voici un conseil: si vous aimez la zone de confort et n'aimez pas payer le prix pour réussir, vous n'attirerez jamais la fortune que vous voulez, et cela ne prépare en rien la prospérité de votre vie, car le la plupart des gens préfèrent avoir un emploi, ne veulent pas avoir mal à la tête avec les employés et avec les impôts. O le gouvernement facture des impôts et plus d'impôts et la déclaration de revenus, mais l'homme riche s'en fiche, car plus il est riche, plus il a de liberté financière. La plupart des gens pensent que le monde vit dans une obscurité mentale et ne veulent pas voir que la prospérité de leur vie est entre leurs mains, mais sachez que la fortune et la richesse ne tombent pas du ciel, si la chance frappe à votre porte et que vous gagnez à la loterie et que vous n'êtes pas au courant d'une personne riche, vous perdrez tout, car la richesse se construit solidement comme une maison devient la fondation puis se construit. Ne vous plaignez pas du manque d'argent, ayez un tableur de dépenses, sachez où va votre argent et demandez-vous s'il est vraiment nécessaire d'avoir les dépenses que vous avez, car de nombreuses dépenses quotidiennes sont superflues et la prospérité financière vous enlève, et le superflu doit être coupé si vous voulez avoir votre vraie liberté financière.

Vous devrez faire de grands efforts si vous voulez avoir de grandes réalisations dans votre vie, vous devrez sacrifier des rêves petits et moyens pour réaliser vos rêves, car si vous consacrez votre temps à de petits rêves, vous perdrez de vous concentrer sur les grands objectifs qui vous ont conduit à atteindre de grands objectifs. et objectifs. Il y aura de nombreux pièges en cours de route, ne laissez pas la distraction du quotidien vous éloigner de l'objectif principal, à la recherche de ce que vous voulez, payez toujours le prix du succès, plus de critiques que de soutien viendront, ne vous contentez pas de vous êtes un succès .

À l'intérieur, vous avez toujours une voix intérieure qui veut toujours vous conduire au succès et si vous suivez les conseils de votre voix intérieure, vous aurez plus de victoires que de défaites. Ne contredisez pas votre voix intérieure qui vous mènera sur la voie de devenir un champion. Ayez le succès comme but et objectif dans votre vie et arrêtez de laisser les choses se produire. Faire en sorte que cela se produise ne surmonte pas le contrôle et les incidents et ils trouvent une solution à tout. Même si tout semble perdu, ils ne perdent jamais la foi qu'il y a toujours un moyen, car à la fin il y aura toujours un moyen et si vous n'en avez pas, ils en créent un pour gagner et on se souviendra toujours de leurs actes et exploits, à la fois dans la vie ou après partir, parce que les gens qui réussissent ne passent pas seulement par la vie, ils laissent leurs marques dans l'histoire.

Fixez-vous une date limite pour que vos buts et objectifs soient atteints et si vous ne réfléchissez pas et ne pensez pas à ce qui vous a empêché de réaliser et de réaliser, soyez toujours prêt à affronter les frissons de la vie, car des déceptions surviennent et si vous vous laissez ébranler, vous perdrez votre concentration que vous avez le plus confiance et que vous aimez le plus ont tendance à être celles qui vous décevront le plus, car ces personnes que vous admirez tant sont celles qui secouent vos structures et gâchent votre vie, ne reviennent jamais en arrière et restent toujours concentrées. Acceptez que l'impossible n'existe pas, c'est une question d'opinion, l'impossible n'existe que pour les faibles, qui sont vaincus, alors ne permettez pas ou n'acceptez pas que les gens pensent que vous êtes vaincu, car votre vie sera belle à partir de maintenant .

Vos rêves ont été faits pour se réaliser et non enterrés avec vous, combien de projets de rêves, d'inventions, de grands projets ont été enterrés dans l'histoire de notre planète, maintenant si vous voulez être un perdant de plus, vous n'avez pas d'estime de soi. Ayez confiance et gardez à l'esprit que vous êtes une personne de grande valeur, qu'à partir de maintenant vous n'accepterez que l'entrée et la permanence de grandes choses, et que vous méritez d'accepter peu de vie parce que vous êtes grand et serez toujours à la recherche de et en acceptant peu dans votre vie.

Lisez de bons livres, parlez à des gens qui ajoutent une valeur culturelle, ne regardez pas seulement des programmes de télévision, certains sont de mauvaise qualité, donnent de mauvais exemples et n'offrent rien de bon, vous prendront votre temps et vous laisseront l'esprit pauvre de connaissances, ayez un esprit ouvrez-vous et restez à l'écart des personnes négatives, car elles ont le pouvoir de détruire vos rêves. Soyez confiant et même dans les défaites ne vous laissez pas ébranler, corrigez la direction, recommencez si nécessaire, cherchez des résultats, continuez, essayez de ne pas dévier de vos projets et de vos objectifs.

Pensez que tout dans ce monde a été créé à partir de rien, il y a des millions d'années. Tout a évolué le plus rapidement possible, la plupart de ce qui existe aujourd'hui n'a même pas été pensé par nos ancêtres. Regardez la beauté autour de vous, voyez les réalisations des gens formidables qui sont venus ici et ont fait quelque chose qui semblait impossible, peu probable, croyez toujours que ce que vous rêvez est possible. La plupart vivent simplement la vie, ne font rien de grand qui se passe dans leur existence, laissent le temps passer, ne se battent pas pour ce qu'ils veulent, ne font pas ce qu'ils aiment et ne vivent pas avec les gens qu'ils aiment, craignant de perdre le peu qu'ils ont , ou la peur d'atteindre la vieillesse et d'être seul et de ne pas pouvoir être avec celui que vous aimez. Être du côté de quelqu'un qui vous critique et ne soutient pas vos rêves, en plus de ne pas être du côté de votre amour vous mettrez vos rêves de côté. Vous n'êtes pas faible, vous n'êtes pas incapable, vous pouvez et devez chercher ce que vous aimez et réaliser vos rêves. N'attendez pas le bon moment pour changer de vie, le bon moment est maintenant, les meilleures choses pour vous sont vous qui devez créer et non détruire vos rêves, vous devez agir si vous voulez transformer votre vie.

Si vous pensez abandonner, permettez-vous d'accepter que ce qu'il y a dans votre vie est déjà bon, vous ne profiterez jamais des merveilles que ce monde peut vous offrir, acceptez que vous êtes un champion et ne laissez pas le découragement vous empêcher de réussir sur votre marche, si vous pensez à «jeter l'éponge», le monde vous trouvera un perdant et rien de positif ne peut arriver dans votre vie, et si vous ne poursuivez pas le défi de lutter pour vos idéaux et vos objectifs, vous permettrez aux faibles de dire que les problèmes des vaincus sont les vainqueurs qui profitent des défaites pour atteindre l'entrée du succès, par conséquent, dans votre vie, vous devrez changer vos attitudes, et pour les changer vous devrez changer vos pensées, tout ce qui vous rend malade et il ne vous laisse pas progresser il faut le jeter et le laisser dans votre passé, vous débarrasser de ce qui ne vous permet pas de remporter la victoire dans votre vie. Le pouvoir d'accomplir tout ce que vous voulez est en sommeil en vous, alors permettez à l'esprit de champion de se réveiller et de commencer à dominer la pensée de l'échec que vous ressentez peut-être, car vous n'êtes pas un échec, et vous ne pouvez pas accepter ce non être un gagnant, mais capable d'atteindre vos objectifs. N'acceptez pas, même si le monde s'effondre et que tout le monde vous quitte, continuez votre vie et concentrez-vous uniquement sur les bonnes choses, aussi sombre et froide que la nuit, même si elle essaie de ne pas laisser le soleil briller à nouveau et apporter un jour merveilleux, aujourd'hui tout peut être permis, mais demain tout peut être conquis et regagné, en ayant juste l'attitude de se battre et de ne pas accepter que l'impossible existe.

Vos rêves, buts et objectifs doivent être conservés en toute sécurité uniquement avec vous, car ceux qui ne savent pas n'envient pas et ne peuvent pas gâcher leurs plans, le pouvoir du silence est capable de conjurer beaucoup d'envie dans votre marche, d'abord conquérir, puis célébrer votre réalisations et réalisations.

Peu importe où vous êtes maintenant, vous aurez un avenir radieux si vous laissez cet esprit de défaite disparaître de votre vie, aujourd'hui sera un jour remarquable dans votre vie, car à partir de maintenant vous êtes un nouvel être et rien dont on parle de vous vous empêchera de réussir, vous êtes maintenant sûr que tout ce qui est bon arrivera dans votre vie et arrêtera de blâmer la société, les gouvernements ou même le destin, puisque tout ce qui s'est passé et continuera votre vie, vous n'avez que la responsabilité totale, et si quelque chose devient incontrôlable, prenez le contrôle des événements le plus rapidement possible et ayez toujours la notion que vous marquerez aujourd'hui un nouveau départ de votre vie, ce qui vous mènera au total. succès et tout ce que vous voulez, c'est gagner, aujourd'hui, demain et toujours.

Ayez pleine confiance en ce que vous recherchez dans votre vie et que vous avez la capacité d'accomplir, la décision sera toujours entre vos mains, en quelle direction prendre et quelle décision prendre, ne sous-traitez pas, ne laissez pas les autres contrôler votre destin, ne laissez pas le monde vous traiter comme une marionnette, ne laissez rien de mal arriver. Tout ce qui se passe dans votre vie, désormais, doit être en accord avec votre projet, vos objectifs et toujours sous votre contrôle total.

Ne vivez pas pour le bien des autres, ceux qui ont une opinion dans votre vie ne peuvent empêcher votre réussite, de faire arriver l'impossible dans votre vie, que ce soit comme un oiseau, volez haut vers des chemins qui vous feront progresser et vous rapprocheront de vos conquêtes, beaucoup commencent, mais ils laissent la peur et les pierres qui viennent sur leur chemin être des obstacles qui vous font abandonner sur le chemin du succès.

Ayez en vous beaucoup de détermination et de discipline, nécessaire pour arriver là où vous voulez, soyez prudent avec les gens qui ne vous approchent que dans les bons moments de victoires et ne veulent pas vous voir gagner, veulent juste profiter de vous et profiter de vos réalisations , ne permettez pas aux personnes qui n'ont pas contribué à votre voyage de profiter des lauriers de votre victoire.

Ne manquez jamais de rester concentré sur la réalisation de ce que vous voulez réussir dans la vie, le monde est plein de gens qui ont échoué, parce qu'ils ne croient pas ou ne cherchent pas le succès, ils diront que vous rêvez aussi de l'impossible, et que votre objectif ne peut pas être réalisé, ne laissez pas ce qu'ils disent et pensent vous empêcher de poursuivre vos réalisations. Vivez avec votre objectif de vie, ayez des pensées positives avec des gens qui se soucient de vos rêves et croient en vos rêves, et non avec des gens qui veulent juste vous tirer vers le bas et vous faire vous sentir mal, plus vous avez de succès dans la vie, plus il y a de gens les gens vous envieront et diront que c'était de la chance, ils n'ont jamais connu les grandes batailles internes, les sacrifices et les obstacles gagnés pour atteindre leurs objectifs et leurs rêves. Il veut être une personne qui réussit, donc il n'a pas d'autre alternative, que d'aller dans les chemins que personne ne veut emprunter, mais c'est dans le chemin de l'impossible qu'il trouve la direction qui mène à beaucoup de richesse dans sa vie et qu'il n'y a pas grand-chose compétition, mais le chemin sera difficile, il y aura des moments où vous sentirez qu'il vaut mieux abandonner, mais ne laissez pas ces pensées vous dominer, car le champion en vous cherchera une autre façon de faire ce qui est possible pour la conquête, et ne pas abandonner c'est une option pour vous, votre seul choix est de rechercher l'épanouissement et de faire ce que vous pouvez pour progresser et réussir, avoir de la plénitude dans votre vie, une vie sans imitations ni privations, les défaites séparent les échecs des vainqueurs si vous allez passer à autre chose et vous serez un gagnant, parce que vous êtes une personne différente, vous avez du succès, car à l'intérieur de vous se trouve un être qui peut tout gagner dans votre vie, ne vous limitez pas à chercher peu, soyez audacieux et cherchez de grandes choses, la petitesse c'est pour les gens petits et ordinaires, mais vous êtes spécial et vous êtes venu dans ce monde pour être différent, vous êtes une personne qui réussit, c'est dans votre «ADN» que vous n'êtes pas logé et vous n'avez jamais accepté la zone de confort, comme option de vie, si vous n'avez pas le meilleur dont vous rêviez et que vous voulez avoir, cherchez et arrêtez de vous plaindre, allez vous battre et vous battre pour chaque rêve et objectif de votre vie.

Plus nous nous battons et surmontons nos défis, nous découvrons que nous sommes plus grands que ce que nous imaginions, car vous n'imaginiez pas que vous pouviez être un champion, déterminer les victoires dans votre vie et récolter le succès que vous recherchez, le succès n'est pas une question de chance est compétence, lorsque vous atteignez un but ou un objectif, recherchez des buts et des défis plus grands, car vous méritez toujours de progresser dans la vie. Cherchez toujours ce que vous croyez être le meilleur pour vous et demandez-vous toujours quel est votre objectif de vie, ce qui vous fait sortir du lit qui vous inspire à vous battre sans limites que même si un mur apparaît dans votre vie, et il semble que déjà atteint la fin, brisez le mur qui apparaît devant vous, dépassez vos limites et vous verrez qu'après ce mur de nouvelles opportunités et de nouveaux chemins se présenteront, qui apparaîtront et que l'impossible ne fait plus partie de votre réalité, allez jusqu'au bout et vous réussirez , croyez que vous pouvez, ne vous laissez pas battre par les défaites et n'attendez pas que le monde se lève, vous seul pourrez vous élever seul.

 Laissez toujours votre volonté de gagner prévaloir, dans ce que vous croyez et avez comme objectif dans votre vie, vous devez être vraiment combattu et combattu, ne laissez jamais vos batailles vous faire perdre votre essence, vous qui choisissez de continuer à perdre chacun plus ou vous voudrez inverser la tendance et éviter de nouveaux trébuchements, vous vous lèverez à chaque fois que vous tomberez, car la détermination et la foi en votre rêve ne sont qu'entre vos mains et c'est ce qui vous permettra de rester stable et capable de réaliser votre rêve maintenant.

La vie est une lutte constante et c'est à vous d'accepter que vous soyez un perdant ou un gagnant et ce ne sont pas les défaites du moment qui détruiront le champion qui s'est réveillé en vous, qui ne recherche désormais que des victoires que votre indépendance financière sera atteint et que la prospérité est l'un de vos objectifs de vie, aura tout ce dont vous avez toujours rêvé et commencera à économiser au moins 10% de vos revenus, cessera d'être un simple consommateur et deviendra un investisseur à la recherche de multiples sources de revenus , devenir un entrepreneur prospère, avoir sa propre entreprise, car ses sources d'inspiration seront les personnes les plus riches du monde, qui ont construit de grands empires à partir de rien et qui ont aujourd'hui des milliards sur leurs comptes bancaires, ont cherché des produits et des services pour servir le plus grand nombre de personnes possibles devenant de plus en plus riches.

CHAPITRE 07

CROYEZ QUE VOTRE RÊVE EST POSSIBLE!

Arrêtez de vous comparer à d'autres personnes, car prendre des références d'un domaine spécifique, ou d'une personne de votre entourage, n'aura que peu de pertinence s'il s'agit d'un domaine à succès qui n'a rien à voir avec ce que vous recherchez, si vous voulez être meilleur dans un domaine Dans un certain domaine, envier le talent de quelqu'un ne vous fera pas mieux qu'elle et ne contribuera à rien sur la voie du succès. Lorsque vous vous comparez à quelqu'un d'autre, vous aurez une référence dans un certain domaine, ne vous sentez pas mal. Prenez quelqu'un comme référence dans un domaine dans lequel vous voulez réussir, si vous prenez des extraits d'une personne qui réussit, vous ressentirez de l'envie, ne vous comparez jamais aux autres, ne détruisez pas votre estime de soi, il n'y a pas de plus grand adversaire que vous, votre voyage ce n'est pas la même chose que l'autre, comparez-vous aujourd'hui à vous hier, vous n'avez pas pu faire quelque chose, mais aujourd'hui vous allez vous améliorer avec la technologie et les réseaux sociaux la comparaison de certaines personnes à d'autres se développe, les gens des réseaux sociaux mènent une vie colorée et parfaite comme s'il s'agissait de contes de fées, avec tout ce qui est parfait et ceux qui le voient de l'extérieur pensent que tout ce qui y est affiché est la vérité la plus pure, mais ce n'est rien de plus qu'une vie masquée, parce que les gens qui réussissent ils ne s'exposent pas et ne montrent pas leur vie, ils ont déjà et ne veulent pas montrer à qui que ce soit leurs richesses et leurs réalisations, ils vivent pour faire ce qu'ils aiment, ne montrant pas leurs victoires, parce qu'ils ont fait une différence dans le monde que leur histoire est racontée par d'autres qui si reflètent leurs réussites et quand la plupart d'entre eux perdent leur temps à essayer de montrer qu'ils ont une vie parfaite sur les réseaux sociaux, ils vivent une vie plus misérable que toute envie que vous pourriez ressentir, ne vous cherchez pas inspirez-vous de personnes vides et futiles, si vous voulez améliorer votre potentiel et peaufiner ce qui doit être amélioré, inspirez-vous de personnes qui réussissent vraiment, pas de personnes qui en sont à leurs quinze minutes de succès et qui se trompent, cherchez des personnes de réussite consolidée, si vous voulez en être un, inspirez-vous d'un entrepreneur à succès qui est déjà une référence La plupart des riches ne sont pas nés dans un «berceau d'or», mais ils se sont dévoués et avaient beaucoup de détermination et ont persévéré dans leurs rêves et ont fini par construire de grands empires, alors qu'ils essayaient d'assister au plus grand nombre possible et le succès était une conséquence de la première graine qu'ils ont plantée dans leur marcher, qui était de croire en son potentiel et ils n'ont pas essayé d'être meilleurs que quiconque et de ne jamais laisser l'envie et le pouvoir leur monter à la tête.

Arrêtez de vous comparer à d'autres personnes, car prendre référence à un domaine spécifique d'une personne autour de vous n'aura que peu de pertinence s'il s'agit d'un domaine à succès qui n'a rien à voir avec ce que vous recherchez. Si vous voulez être meilleur dans un certain domaine, envier le talent de quelqu'un ne vous fera pas mieux qu'eux et ne contribuera à rien, sur la voie du succès.

Lorsque vous vous comparez à quelqu'un d'autre, et que vous avez une référence dans un certain domaine, ne vous sentez pas mal, prenez quelqu'un comme référence dans un domaine que vous voulez réussir, prenez comme référence une personne qui réussit et vous vous sentirez jaloux, ne vous comparez jamais à d'autres personnes, ne détruisez pas votre estime de soi, il n'y a pas de plus grand adversaire que vous-même, votre voyage n'est pas le même que celui des autres, comparez-vous hier à vous aujourd'hui, hier vous étiez incapable de faire quelque chose, mais aujourd'hui vous allez améliorer avec la technologie et les réseaux sociaux et la comparaison de certaines personnes avec d'autres augmentera.

Sur le réseau social, les gens mettent une vie colorée et parfaite comme s'ils étaient des contes de fées avec tout ce qui est parfait, et ceux qui le voient de l'extérieur pensent que tout ce qui y est affiché est la vérité la plus pure, mais ce n'est rien de plus qu'une vie masquée, car les gens de le succès ne s'expose pas et ne montre pas leur vie, ils ont déjà et ne sont pas intéressés à montrer à qui que ce soit leurs richesses et leurs réalisations, ils vivent pour faire ce qu'ils aiment, ne perdent pas de temps à montrer leurs victoires, car ils ont fait une différence dans le monde que leur histoire est racontée par d'autres personnes, qui reflètent leurs réussites et quand la plupart d'entre elles perdent leur temps à essayer de montrer qu'elles ont une vie parfaite sur les réseaux sociaux, vivent une vie plus misérable que toute envie que vous pourriez ressentir, ne cherchez pas à vous inspirer de personnes vides et futile, si vous voulez améliorer votre potentiel et peaufiner ce qui doit être amélioré, être inspiré par des personnes qui réussissent vraiment, pas des personnes qui en sont à leurs quinze minutes de réussite passagère, et qui se trompent, recherchez des personnes au succès consolidé. Si vous voulez être entrepreneur, laissez-vous inspirer par un entrepreneur à succès qui est déjà une référence.

Quelles que soient les difficultés que vous rencontrez, n'ayez jamais peur de vous battre pour ce que vous voulez tant, ne donnez pas d'importance à ce qu'ils vont dire, vivez comme vous voulez et non ce qui plaira à la société et vous rendra malheureux, faites ce que vous aimez et cherchez vos rêves. Beaucoup de gens n'accomplissent pas de grandes choses dans leur vie et ne changent pas de niveau dans leur carrière professionnelle, ou n'ont jamais rien à rêver, car il y a une chance, de la chance de changer votre vie, plus encore si vous voulez que quelque chose d'incroyable dans votre vie vous laisse dans votre esprit , que vous devez aller au combat.

Personne ne se battra pour vos rêves, seulement vous, alors croyez en vos rêves suivez ce qui touche le plus votre cœur et combattez autant que possible, en essayant de faire ce qui est vraiment nécessaire, d'ajuster les erreurs et de suivre la direction du cœur, nous devons vivre avec la direction et chemin défini, car ce n'est qu'alors que nous saurons ce que nous voulons vraiment vivre et accomplir. Dans la vie, vous devez croire même si cela semble impossible, ne laissez jamais le désespoir et la peur vous envahir, combattez autant que possible pour être la personne qui réussit que vous cherchez à être, cherchez ce qui vous motive, ce qui fait vraiment sens à votre vie cela semble improbable et impossible, ne vous mentez jamais, ce chemin est la direction à suivre, il est impossible d'accomplir sans combat, si ni vous n'y croyez et si vous ne savez pas quoi faire dans la vie, cherchez un endroit tranquille, allez dans un lieu qui laisse votre cœur en paix, regardez le coucher du soleil et la grandeur qui est au soleil qui a passé des heures à l'autre bout du monde, est revenu sans perdre de son éclat et plus fort, les défaites peuvent vous laisser sans but, mais c'est avec le les défaites, vous deviendrez plus fort et gagnerez en expérience et lorsque vous vivrez la même situation, vous aurez appris la leçon précédente, mais si vous faites les mêmes erreurs et qu'il est peu probable que vous réussissiez.

Le voyage du succès peut sembler n'avoir aucune direction et direction à suivre, mais ce qui déterminera votre rêve d'être réalisé, c'est que vous créez des directions et une direction dans les courbes de la vie, cela peut être la direction idéale pour changer, conquérir, et ayez tout ce dont vous rêvez dans votre vie. Ne laissez pas le rêveur qui vit en vous disparaître dans les moments de conflit et de difficultés, car ce sont vos rêves qui vous maintiennent en vie et chaque rêve a un but, prenez l'initiative de faire de votre vie une réussite, car ce n'est pas à la hauteur personne d'autre pour réaliser et lutter pour leurs idéaux.

Ayez un objectif de vie, quelque chose qui vous garde motivé, quelque chose que vous voulez accomplir et laisser en héritage, quelque chose qui vous fait espérer 24 heures sur 24 à vouloir accomplir votre but, qui vous donne la force chaque jour de sortir du lit quelque chose qui provoquer la peur, cet objectif brûlant que vous et ressentez dans votre esprit qui est sur le bon chemin, car il ne laisse pas les circonstances quotidiennes détourner l'attention de votre objectif, souhaitez et croyez inconditionnellement que ce que vous rêvez est possible, mettez un Protégez-vous de vos rêves et ne laissez donc pas les coups quotidiens vous démotiver.

Pensez et agissez hors de l'ordinaire, et supprimez les obstacles qui bloquent votre esprit, la façon dont votre subconscient réagit face à une situation est ce qui vous sépare ou vous rapproche de ce que vous voulez, car atteindre vos objectifs est lié comme le vôtre subconscient est capable de faire face aux obstacles et les défis apparaissent, car même si tout va mal, votre subconscient est conditionné à toujours chercher une issue pour vous faire gagner, rien ne vous arrêtera ou vous fera abandonner quelque chose qui compte beaucoup, prenez la décision de choisir de réussir dans la vie et de créer votre propre modèle de réussite et de devenir la personne que vous voulez être et de poursuivre cet objectif sans condition, même si ceux qui vous entourent et disent que vous n'irez nulle part, vous pouvez arriver là où vous voulez tant que vous restez concentré sur une cible que vous avez déterminé où vous voulez aller et que vous arrêtez de vivre ce qu'ils vont penser de vous, vivre votre vie comme une fonction et exclusive à vous-même, avoir une image de soi réussie esso et que dans le futur vous avez le droit de prendre possession de vos rêves et de vos désirs, de vivre maintenant avec perfection et de faire des plans structurés pour réellement atteindre vos objectifs.

Tout ce que vous faites ne vous fait pas réussir, il est donc temps de commencer à faire le contraire que vous avez fait jusqu'à aujourd'hui et cela changera les résultats dans votre vie une fois pour toutes, soyez intéressé à faire le changement dans votre vie à partir de maintenant. la vie, car ce que vous croyez depuis votre enfance est ce qui façonne ce qui se passe dans votre vie, il est maintenant temps d'arrêter d'avoir vos rêves juste sur papier ou dans votre esprit et de mettre en pratique, permettez-vous d'aller au combat et conquérir vos rêves, le moment est venu de commencer à conquérir le maximum de rêves et de désirs, vous ne savez plus que vous pouvez être le héros de la vie de quelqu'un qui vous regarde alors faites attention, vous êtes spécial pour ceux qui ne peuvent pas s'exprimer mais cela vous reflète en tant que quelqu'un de succès, alors dépassez vos limites et allez-y pour gagner et réaliser vos rêves et vos objectifs parce qu'en vous réveillant chaque matin, vous êtes déjà un privilégié, un gagnant qui a un nouveau jour pour faire le changement et changer la route qui ne mène pas à où vous aviez l'intention d'aller, alors n'acceptez pas et ne vous contentez pas de la similitude de la vie quotidienne, vous êtes de plus en plus intéressé à vous changer, car d'abord pour changer le monde, vous devez quitter votre ancien moi pour avoir la chance de créer un monde le plus incroyable, ce n'est pas parce que vous n'êtes pas encore ce que vous aimeriez être, vous n'avez pas ce que vous voulez avoir et vous n'êtes pas à l'endroit où vous aimeriez vivre ou vous n'avez pas non plus le métier, sachez que vous pouvez conquérir chacun de votre désir vivant vivez avec beaucoup d'amour en vous-même, ayez l'esprit d'un gagnant et changez votre chemin de vie vers votre objectif qui est votre succès dans la vie, mettez-le dans votre esprit et mentalisez quotidiennement aujourd'hui je suis prêt à me soigner Je deviens mon moi idéal et je me développerai chaque jour, car j'appartiens à un groupe restreint de gagnants et j'arriverai où je veux et je conquérirai mes rêves et mes idéaux, chaque jour je suis plus proche de mes réalisations.

CHAPITRE 08

FOCUS

Soyez persévérant, car le succès vient à ceux qui savent ce qu'ils veulent et pourquoi ils le veulent, sachant ce qu'ils feront lorsqu'ils réussiront. Restez concentré sur votre objectif principal, vos désirs et vos rêves, en étant clair sur ce que vous voulez, afin qu'un monde de possibilités s'ouvre à vous. Faites quelque chose qui vous motive à vous battre jour et nuit sans vous décourager, jusqu'à ce que vous atteigniez votre objectif, car seuls les faibles croient en l'impossible et vous avez tout pour gagner, cependant, il faudra beaucoup de détermination et de persévérance pour surmonter les obstacles, vous n'êtes pas faible ils diront que votre rêve est fou, continuez et conquérez-le, vous êtes un gagnant. Surmontez vos limites, au nom de votre but de vie et de vos désirs. Ayez toujours la confiance interne que votre objectif, rêve ou désir est déjà possible, quel que soit le chemin que vous suivez, n'abandonnez jamais, visez toujours à atteindre votre objectif, sentez-vous digne d'accomplir, car vous portez l'esprit d'un gagnant, et votre détermination fera de vous un champion, et peu importe ce qu'ils disent, tout ira bien. Combattez tous les jours et ne vous installez pas et occupez une place de choix, là où vous n'auriez jamais pensé arriver. Ils diront que votre réalisation était presque un miracle, au début cela peut sembler impossible, mais à la fin cela vous semblera facile et vous ressentirez le plaisir et la satisfaction d'avoir vaincu, même quand, à un certain moment il semble que renoncer serait le mieux, vous allez surmontez-vous et gagnera. Ne partagez pas ou n'osez pas vous sentir négatif, vous devez nourrir des pensées positives dans votre esprit pour changer votre réalité aujourd'hui et vivre la vie de vos rêves, ce que vous voulez vivre et accomplir est possible, alors changez votre façon d'agir, non attendez que la vie passe, laissez l'année aller et venir et rien dans votre vie ne change. Le changement de votre réalité doit commencer en vous et dans vos attitudes, pour avoir une vie merveilleuse et luxueuse, car vous êtes digne de cette réalisation. Suivez les traces des personnes qui réussissent et parlez à des personnes qui réussissent déjà dans la vie, arrêtez d'être accommodé et sentez-vous petit, le monde regorge d'opportunités qui se présentent quotidiennement et vous ne vous en rendez pas compte, remarquez à quel point le monde a changé au siècle dernier, tout ce qui existe a été créé à partir de rien, pratiquement tout ce qui existe aujourd'hui en construction et en évolution a été réalisé au cours des deux derniers siècles. Il n'y a pas d'excuses, se battre, croire et avoir le sentiment d'avoir déjà réalisé, dans la vie avec une attitude simple vous pouvez et devez changer votre vie. Votre rêve doit être comme la flamme d'un feu, mais il ne doit pas s'éteindre, mettant plus de griffes à conquérir, car vos rêves sont les vôtres et c'est votre responsabilité totale, ne sous-traitez pas, l'obligation de réaliser votre rêve est la vôtre. La force du champion est endormie en vous, réveillez-vous pour gagner et manifestez le succès dans votre vie. Rares sont ceux qui passent et se souviendront en partant, parce que ceux dont on se souvient étaient prédestinés et ont changé la façon dont le monde est et pense aujourd'hui. Arrêtez de courir dans votre vie comme s'il s'agissait d'un labyrinthe sombre dont vous ne savez pas où vous allez et où vous allez aller, échouez à la fin de votre promenade, allumez la lumière sur votre chemin, ayez des projets, donnez à votre vie un nouveau sens, avec des objectifs et les objectifs à accomplir. Vous êtes le seul à avoir le pouvoir de changer ce qui se passe dans votre vie, et c'est votre décision qui doit prévaloir. Le succès est plus que le mérite, c'est votre droit, car vous êtes le fils du créateur de l'univers et tout ce qui existe a été créé pour que vous ayez et appréciez chaque merveille qui existe dans le monde, vous pouvez vivre n'importe où dans le monde, vous pouvez dépenser vacances partout dans le monde. Si le monde vous semble trop grand pour que vous puissiez le conquérir, c'est que votre sentiment est celui d'une petite personne, quand vous serez grand et que vous réussirez vous réaliserez sa grande valeur, vous voudrez connaître tous les pays, vous vous rendrez compte qu'il est possible de connaître n'importe quel pays du monde, mais ce qui vous empêche, ce sont vos fausses limitations de penser que vous ne le méritez pas et que c'est un péché de vouloir toujours plus. Ce n'est jamais trop vouloir avoir, ne pas vouloir vivre avec des limitations, souhaiter à chaque fois, car le créateur de l'univers a la richesse et l'abondance pour tous ceux qui vivent dans le monde, s'il y a plus de pauvreté que de prospérité, c'est parce que les gens suivent le troupeau et préfèrent si vous vous installez et acceptez le peu que vous avez, vous ne pensez pas qu'il est possible de vivre en pleine abondance, car il y aura toujours de la richesse dans le monde pour tout le monde. Essayez de concentrer votre attention sur la richesse

et cela attirera de plus en plus de richesse dans votre vie.

CHAPITRE 09
ZONE DE RÉUSSITE

Les gens qui réussissent savent qu'ils n'ont pas à vivre leur vie pour plaire à qui que ce soit, les gens qui réussissent vivent leur vie pour réussir et conquérir et non pour plaire. Pour réussir dans la vie, vous devrez quitter votre zone de confort et prendre des décisions difficiles, dont l'une sera de choisir qui suivra le chemin avec vous et qui n'ira plus sur votre chemin vers le succès. Même lorsque vous ignorerez votre vrai rêve, ce qui vous motive, c'est comme un antidote, un ante stress, qui rend votre vie plus légère et plus agréable.

Arrêtez de remettre à plus tard vos rêves et commencez à faire ce que vous aviez prévu il y a longtemps, ce qui vous fait attendre, c'est que vous manquez un véritable objectif, pour vous maintenir stable sur le chemin des grandes réalisations, car lorsque vous atteignez un niveau de succès, vous ne voulez plus revenir à l'étape précédente et, si vous revenez à l'étape précédente, vous voudrez plus de respect, car vous vous voyez déjà comme une personne capable de grandes réalisations et commencez à accepter moins que ce que vous méritez. Trouvez une cause qui vous motive, car la vie est faite de choix et votre choix maintenant est d'être le protagoniste de votre vie et non plus le public qui voit la vie passer, car le spectacle de la vie suivra son cours naturel, que vous ou vous pas votre vie ne passera et vos rêves ne seront réalisés que si vous y allez au bon moment.

Vos mauvaises attitudes sont ce qui vous empêche d'atteindre votre objectif, arrêtez de vous faire battre dans la vie, faites quelque chose pour le changer, avez le pouvoir d'être cohérent au combat et insistez même lorsque vous faites un mauvais choix, cela vous laissera déçu , attendez, arrêtez de commettre la stupidité d'abandonner, ayez une stabilité émotionnelle et sachez comment vous débarrasser des gens qui vont commencer à vous flatter, vous caresser le dos et dire que vous êtes une personne chanceuse.

Lorsque vous réussissez, commencez votre changement subtilement pour ne pas revenir à l'état de stagnation de votre vie, même avec des attitudes qui au début peuvent sembler ne mener à rien, avec une certaine insistance à la fin vous verrez que cela en vaudra la peine , parce que changer brusquement peut ne pas fonctionner, parce que nous sommes programmés pour certaines routines et attitudes, qui pour être changées, devront être subtiles et graduelles, et cela à moyen terme changera dans quelques années, lorsque vous aurez une nouvelle mentalité et serez un champion, car il n'a pas accepté la routine de sa vie et ne voulait pas répéter les erreurs du passé. La différence se fera remarquer dans un court laps de temps, mais pour réussir, changez un peu et ayez une vision à long terme pour mieux profiter de la vie. Essayez de vous améliorer dans un domaine de votre vie dont vous avez besoin. De petites choses doivent être faites quotidiennement pour que vous réussissiez à long terme. Cela peut sembler inconfortable de devoir changer, mais si votre réalité n'est pas ce que vous voulez, vous devrez changer votre histoire.

Ce qui vous a vaincu aujourd'hui, c'est l'inexpérience et le manque de préparation pour avoir la victoire entre vos mains, alors améliorez ce qui était mauvais aujourd'hui et recommencez, optez pour de nouvelles réalisations prêtes à gagner, car vous avez maintenant plus de sens de ce dont vous avez besoin faites différemment pour vaincre sans hâte et avec maîtrise, vous pouvez conquérir et accomplir en peu de temps, essayez simplement de ne jamais abandonner, ne laissez pas votre défaite vous abattre et vous laisser triste et démotivé.

Changez d'avis et de force de réflexion et des choses incroyables et même apparemment impossibles se produiront dans votre vie, le contrôle de la richesse mondiale est entre les mains de seulement

5% des plus riches qui contrôlent 95% de toute la richesse du monde. Ce qu'ils ont de différent des autres, c'est le désir constant de gagner et de ne jamais cesser de croire que tout ce qu'ils veulent est possible, alors ils quittent le troupeau qui suit le chemin qui ne mène pas au succès, ils vivent une vie dont ils n'ont pas besoin de rêver. ont une vie meilleure, mais ils ne font rien pour améliorer la vie des autres. Si vous voulez faire partie du club des plus riches du monde, vous devrez arrêter de penser et penser aux pauvres et acquérir l'esprit d'un champion, qui fait plus que possible, fait toujours l'impossible.

Développez votre conscience, éliminez vos peurs et concentrez-vous sur la prospérité que vous pouvez avoir dans votre vie. La plupart des gens se concentrent sur les problèmes et avec cela, ils auront plus de problèmes, nous devons nous concentrer et rechercher des solutions pratiques et immédiates aux problèmes qui surviennent dans nos vies.

Si vous continuez à croire que la prospérité viendra à votre rencontre, moins vous espérez accomplir, mais la plupart préfèrent suivre le troupeau et blâmer les gens et le gouvernement pour leurs échecs, payer le prix du succès, le monde peut ne pas vous soutenir et même même vos amis peuvent vous abandonner et vous dire que ce que vous cherchez est impossible, mais soyez sûr de vous battre, nous avons tous le droit d'être riches, mais peu veulent vraiment et très peu cherchent ce qu'ils veulent vraiment. Des opportunités se présentent dans nos vies, mais si nous ne profitons pas ou ne sommes pas prêts à accepter le défi, nous le laisserons passer ou échouer, mais même si nous perdons, nous ne devons pas arrêter de nous battre, d'essayer et de chercher, car le voyage peut sembler long et difficile, mais la valeur de la réalisation tout prix ou sacrifice vaut la peine d'être payé.

Créez un but, ayez un but, quelque chose qui fait que votre vie allume la flamme du désir qui ne s'éteint jamais, quelles que soient les circonstances, rien ne vous empêchera d'essayer de réaliser ce qui vous motive à vivre et à être heureux. Au début, votre rêve semblera impossible, presque inaccessible, les critiques et les personnes démotivantes viendront de tous les côtés, mais pas des oreilles, ne les laissez pas vous empêcher de réaliser ce que vos désirs les plus profonds veulent expérimenter, vous n'êtes pas limité et les limites ont été créés pour être brisés et vaincus, cesser de se sentir vaincus, avoir une foi inébranlable. Les champions ne cherchent pas d'excuses pour poursuivre leurs objectifs et trouver des solutions, si quelque chose ne semble pas qu'ils font, ils créent et inventent des chemins vers le succès.

Si vous ne vous battez pas pour vos rêves et ce en quoi vous croyez, en laissant le monde et les opinions des autres interférer avec votre destin, la défaite dans votre vie sera constante et la tristesse de ne pas essayer sera plus grande que la déception de la défaite, essayer et l'échec vous apprend maintenant que vous devez insister et réessayer jusqu'à ce que vous ayez raison, ne pas agir vous rendra plus faible, pensant que vous êtes incapable de gagner. Si vous n'essayez pas à nouveau, autant de fois que nécessaire jusqu'à ce que vous réussissiez, vous ne serez jamais un vrai champion. Commencer à ressentir en tant que champion, peu importe à quel point votre vie est gâchée que vous méritez et pouvez avoir de la grandeur dans votre vie, ne voulez jamais de votre côté qui ne vous soutient pas et qui croit en votre potentiel, car en vous il y a toujours eu et il y aura un champion .

Pleurer et regretter votre destin ne vous apportera pas ce que vous voulez, ne vous y trompez pas, les batailles internes seront plus grandes que le monde, car votre zone de confort voudra que vous soyez accommodé et ne vous laisse pas vous battre, mais ne laissez pas cela le découragement et la paresse vous empêchent de conquérir, de réaliser et de vivre la vie de vos rêves, de ne jamais vouloir de misère et de manque d'argent dans votre vie. Les conséquences de vos erreurs et de votre manque de discipline, dépenser plus que vous ne gagnez, ne vous ont apporté que soucis et découragements, maintenant pensez que vous êtes un champion, peu importe les circonstances, vous marcherez la tête haute partout où vous irez , et quand vous vous regardez dans le miroir, vous verrez qu'il y a le plus grand champion, conquérant et gagnant qui ait jamais vécu dans ce monde et rien ne vous permettra de ruiner vos jours et vos réalisations, car vous n'avez plus qu'une seule alternative à partir de maintenant qui est juste de gagner .

Arrêtez de faire les mêmes erreurs, remettez-vous en question pour savoir ce qui vous empêche de réaliser vos rêves, ce que vous faites de mal qui vous empêche de réaliser vos réalisations, de vos rêves, à l'intérieur vous avez l'esprit de gagnant , parce que vous êtes grand et que vous pouvez gagner tout l'argent que vous pensez et que vous n'imaginez même pas avoir dans vos actifs, vous pouvez multiplier avec la simple volonté et la détermination de vouloir changer pour de vrai, assez simplement penser à changer, changer pour de vrai. Pour être indépendant financièrement il n'est pas nécessaire de travailler très dur, avec beaucoup d'efforts, au contraire c'est utiliser votre intelligence qui vous mènera à la richesse, en ayant le plein contrôle de vos émotions, afin qu'elles ne vous fassent pas prendre de mauvaises décisions et des choix qui retarderont le vos progrès.

Sans action, il n'y aura aucun résultat dans votre vie, si vous restez assis à attendre que la vie change, rien ne se passera dans votre vie, si vous ne faites rien, alors rien ne se passera. Vous devez avoir une action constante et rester concentré sur l'objectif, savoir où vous voulez aller et pourquoi vous voulez réussir, les erreurs enseigner, faire de votre mieux pour apprendre des erreurs et essayer de vous améliorer, en gardant à l'esprit le sentiment d'un champion, car vous devez rencontrer le succès, et vous ne découvrirez votre véritable potentiel que lorsque vous prenez la bonne action, en dépassant vos limites. Vous savez pourquoi vous n'avez toujours rien à dire, c'est parce que vous avez l'air de ne pas vraiment vouloir, parlez-en dites ce que vous voulez, mais ne cherchez pas le succès, et si cela arrive ou non, peu importe. Plus besoin d'attendre le meilleur moment pour agir, ressentir, désirer et vraiment vouloir ce que vous dites que vous voulez, car si c'est du bout des lèvres, il vaut mieux arrêter de penser et aller chercher autre chose, car imaginer et attendre est total perte de temps, car si c'est votre rêve ou si vous avez un objectif en tête et que vous voulez vraiment l'atteindre, vous arrêterez de trouver des excuses, et vous ne laisserez pas votre échec d'hier vous empêcher de chercher ce que vous estimez mériter d'avoir, agissez plus que de se demander s'il est possible de le faire.

Maintenant vous allez tout faire pour réussir et ne vous contentez pas des défaites, elles sont temporaires, si vous voulez vraiment changer ce que vous faites, cherchez de nouvelles façons d'accomplir, tôt ou tard, avec beaucoup de détermination vous aurez un résultat favorable dans votre vie, n'attendez pas que quelque chose se passe, faites que cela se produise, le monde ne fera pas de vous un gagnant, ce seront vos attitudes qui feront de vous un gagnant, au fond si vous voulez ardemment vous chercherez l'épanouissement, peu importe comment et où vous allez-y, assurez-vous que votre rêve est possible et nourrissez votre esprit de croyances positives, laissez-vous inspirer par des personnes qui réussissent, cherchez des moyens rationnels, ne laissez pas l'émotion vous empêcher en aucune façon d'atteindre vos objectifs, ce n'est pas parce qu'une porte il est fermé à vous aujourd'hui qui le restera à jamais, faites ce qui est vraiment nécessaire pour ouvrir des opportunités de réussite dans votre vie.

N'acceptez pas une vie médiocre, car la majorité de l'humanité n'accepte que ce que le monde offre et se plaint ensuite qu'elle n'a pas réussi en raison du manque d'opportunités dans la vie, et ne le fera jamais, ils ne feront qu'empirer, car ils ne font aucun effort pour réussir. la vie, vivent toute leur vie dans la zone de confort, et n'atteindront jamais le succès, parce qu'ils ne cherchent pas, et ceux qui espèrent ne réussissent pas toujours, et ceux qui veulent réussir et faire des rêves font tout, et s'ils échouent, ils recommencent et recommencent jusqu'à ce qu'ils réussissent parce qu'ils doivent avoir l'attitude et l'esprit d'un champion, ils n'acceptent pas la défaite provisoire comme quelque chose d'éternel, ils font des erreurs un parcours d'apprentissage, parce qu'ils savent qu'ils sont illimités et peuvent accomplir tout ce qu'ils veulent, et s'ils suivent le bon chemin, réussir est garanti, car ils croient toujours que leurs rêves sont possibles, car cela met beaucoup d'action et d'émotion pour avoir de grands résultats dans votre vie, et que ce n'est pas une perte de temps de se battre, car les rêves ne doivent pas être laissés pour compte ou enterrés quand c'est cependant, ils doivent être accomplis.

Votre effort est votre détermination à croire que votre rêve est possible, chacun de nous a le potentiel de réaliser n'importe quoi, peu importe si le moment qui passe n'est pas le meilleur de la vie, si vous avez eu un échec, levez la tête, arrêtez pour blâmer le monde pour vos défaites et chercher la force de continuer, les excuses ne vous mèneront pas au succès si vous ne le faites pas et ne mettez pas votre plan en action, vous n'aurez que des résultats petits et médiocres, vous aurez une vie ratée et malheureuse. N'oubliez pas que de bonnes opportunités se présenteront toujours.

A noter qu'une grande partie de la population vit hébergée, dans des emplois qui n'offrent pas de possibilités de croissance, se contente de gagner un salaire minimum, sans prendre plaisir à ce qu'elle fait et qui la rend malheureuse et déprimée. Si vous voulez gagner, vous devrez faire des sacrifices, vous devrez le faire différemment de la majorité, vous améliorer, produire plus, rechercher de meilleurs résultats et faire plus que ce qui est vraiment nécessaire. Vous avez le potentiel d'avoir le résultat que vous voulez dans votre vie, ne laissez pas ce que les autres disent vous empêcher de réaliser vos rêves, car vous avez la capacité de réussir dans votre vie.

CHAPITRE 10

PRENEZ LA BONNE DÉCISION!

L'endroit où vous vous trouvez est tout ce que vous avez ou plus, soit à cause de votre décision, soit par manque. Laisser la vie se produire ne sera jamais la meilleure option, prendre une décision et ouvrir la porte au succès et à la richesse dans votre vie. Si vous voulez gagner dans la vie vous devrez rencontrer le succès et voir quel genre de personnes sont autour de vous, avec des énergies positives ou négatives, restez proche des personnes qui croient en votre rêve et vous soutiennent dans la recherche de ce que vous voulez, le sinon, éloignez-vous d'eux, les personnes négatives vous feront attirer la malchance et plus d'échecs dans votre vie, la positivité vous apportera une vie de plus de plénitude et de progrès, pour cela, il faudra couper la racine du mal, s'éloigner immédiatement des personnes qui ne communiez pas avec vos objectifs et qui vous empêchent d'aborder le succès.

Quelles que soient les décisions que vous avez prises et qui vous ont fait échouer, prenez cela comme une expérience et une forme d'apprentissage, car c'est souvent en faisant des erreurs que vous apprenez et arrivez à la bonne réponse, essayez de ne pas faire les mêmes erreurs pour ne plus souffrir de défaites et de déceptions, les erreurs en tant qu'expérience qui vous fait évoluer et devenir une meilleure personne, commencez maintenant à avoir de nouvelles attitudes, à être une nouvelle personne et à déterminer le succès comme un objectif de vie et à réfléchir à vos erreurs pour ne pas les refaire. Je n'ai pas pensé à ce que vous avez fait de mal, car rien ne peut changer votre passé, et si vous continuez à vivre à cause du passé, vous ne pouvez pas explorer un monde meilleur, plein de nouvelles opportunités qui vous attendent. Il y a des moments dans la vie où tout semble être plus difficile et rien ne fonctionne, et il semble que toutes les portes vous sont fermées. Même si tout semble difficile, ne soyez pas intimidé, sinon la vie sera plus dure pour vous, plus d'être seul vous plaindre et blâmer vos échecs sur les autres ou le gouvernement et aller au combat, car vous avez le potentiel de gagner, vous plaindre ne fera pas de vous un gagnant, commencez à agir et adoptez l'attitude d'un champion.

Quand vous étiez enfant et que vous aviez commencé à marcher, vous n'aviez pas peur de vous lever à chaque fois que vous tombiez et que vous vous leviez et que vous vous mettiez à courir, car rien ne vous empêchait de continuer, mais vous avez grandi et vous avez commencé à vous soucier de ce que les gens ont commencé à vous dire, et laisser les opinions des autres commencer à vous empêcher de vouloir rechercher de grandes réalisations dans votre vie, laisser les gens dire que vous ne pouvez pas faire cela, que vous ne pouvez pas faire cela, vous laissant vous sentir incapable de réaliser vos rêves.

Commencez à croire maintenant et faites ce que vous préférez, ne vous souciez pas de ce que les gens disent, que vous puissiez faire quelque chose ou non, si vous croyez que vous allez vaincre, si vous n'avez pas de connaissances pour quelque chose, soyez formé, formez-vous et entraînez-vous, parce que celui qui veut gagner devrait y aller et ne trouver aucune excuse, si vous avez besoin de vous réveiller plus tôt et de dormir plus tard, s'il est nécessaire de réaliser votre rêve, car le succès doit être atteint et il ne sera pas gagné «main dans la main», mais plutôt grâce à beaucoup de détermination, de détermination et de persévérance. Vous êtes le seul à pouvoir sceller la victoire ou la défaite dans votre vie, ne soyez pas lié aux personnes et aux faits du passé, commencez à concentrer vos attitudes et vos pensées sur votre avenir.

Commencez à avoir des attitudes plus conscientes et intelligentes qui vous apporteront plus de prospérité, de victoire et de succès, car les gens qui réussissent sont nés gagnants ou déterminés à faire bouger les choses, et au fil des ans, ils s'améliorent et cherchent à s'améliorer constamment, car vous êtes le unique capable de transformer votre vie à travers vos attitudes et vos choix.

Ne soyez pas plus silencieux sur les événements de votre vie, sachez que c'est votre décision et votre choix qui change le sens de votre vie, changez les chemins qui vous font perdre le sommeil et souffrir sans besoin, cherchez le progrès dans votre vie, trouvez une autre issue, la façon de vous rendre heureux, de faire de votre vie une réalité et de vous transformer, ne remettez pas à demain et prenez la bonne décision aujourd'hui, car maintenant vous pouvez apporter un nouveau demain dans votre vie.

CHAPITRE 11

QUEL EST VOTRE CADEAU?

Le plus beau cadeau que nous ayons est le cadeau de la vie et il est toujours accompagné d'un talent qui vous différencie des autres, votre talent vous fera atteindre plus facilement votre objectif de vie, alors découvrez quel est votre cadeau, quelque chose que vous faites avec perfection, parce que votre don est l'une des plus grandes richesses que vous devez découvrir, pour transformer votre vie et vivre pleinement, et ne jamais vous décourager dans les moments de difficulté, en essayant de maintenir l'ordre et la paix dans votre vie, au début il ne peut pas donner beaucoup d'argent, mais vous aurez du plaisir à faire ce que vous aimez et à donner le sentiment de vivre la vraie vie, sans avoir à prétendre à la société que votre activité actuelle vous satisfait, vous faisant vivre pleinement avec tout votre potentiel et votre talent. volontairement, j'essaye tout ce dont j'ai jamais rêvé et je me fiche de ce que les autres pensent de vous.

Gardez à l'esprit que rien n'est définitif, tout est quelque chose pour le moment, aujourd'hui vous avez peut-être combattu et pas assez fait pour obtenir une victoire, réveillez l'instinct du vainqueur qui dort en vous, car même dans les conditions mauvaises et défavorables vous aurez toujours force et courage pour agir et réagir. N'accepte jamais la défaite d'aujourd'hui comme quelque chose permanent, car tout dépend de ce que vous vous engagez à accomplir, à avancer, même si ce n'était pas possible aujourd'hui, mais votre victoire peut venir demain, si vous agissez différemment.

Vous êtes déjà un grand privilège de vivre à l'époque où l'humanité a le plus évolué avec l'avancement de la technologie, et plus de ressources pour la réalisation de vos rêves. Commencez à développer vos compétences, suivez davantage votre intuition et découvrez ce que vous êtes vraiment le meilleur, car il y a un don qui sommeille en vous depuis votre naissance. Laissez votre cadeau s'éveiller. Soyez plus exigeant avec vous-même, n'acceptez pas seulement le peu que la vie vous offre, car il est absolument certain que vous avez un don, et dans la mesure du possible vous vous découvrirez et vous vous connaîtrez mieux.

La vie est comme une jungle, de nulle part des gens comme des lions apparaîtront, prêts à vous abattre, la critique devrait vous renforcer. Ne vous sentez pas victime de la société, même si la vie semble être cruelle, partez à la recherche de la victoire dans votre vie, laissez la flamme de vouloir gagner, vous enflammer, croire et avoir foi que votre rêve est possible. Faites fleurir votre cadeau en vous, arrêtez de vouloir vivre comme un papillon pour toujours à l'intérieur du cocon, peu importe à quel point il est confortable de vivre dans la zone de confort, vous devez toujours évoluer, car quitter la zone de confort sera toujours la meilleure option pour profiter d'une vie bien remplie d'abondance et de prospérité, vous méritez d'avoir de la grandeur dans votre vie.

Sans croire en votre potentiel, vous ne réaliserez jamais rien de grand, car tout ce en quoi vous croyez et en qui vous avez foi, vous pouvez l'accomplir, transformer le rêve en réalité, tous vos rêves et objectifs que vous croyez réalisables. Tout dépend exclusivement de vous, soyez un leader, un créateur de victoires, désormais changez radicalement votre mode de pensée, ne laissez pas la peur vous empêcher de gagner, éveillez votre vrai sentiment de victoire, arrêtez de mentir au monde et cachez-vous que vos objectifs et vos rêves ne se sont pas encore réalisés, déterminez quel est votre véritable objectif et réalisez-le.

Faites plus que ce que vous avez fait, surmontez vos peurs, faites toujours de votre mieux, soyez plus engagé envers vous-même, pour réaliser votre vrai rêve. Vous devez arrêter de suivre le modèle des personnes en échec, commencer à suivre le modèle des personnes qui réussissent. Faites attention à ce que vous gardez concentré sur vos pensées, de peur que vous ne vous éloigniez de vos objectifs. N'attendez plus, commencez à créer la vie de vos rêves maintenant.

Vous ne voulez plus changer votre vie par la chance et commencer à travailler sur vos compétences et votre talent, pour rendre vos rêves possibles. Ne remettez pas vos rêves à plus tard à cause de vos peurs, laissez toujours le désir de gagner parler plus fort dans votre vie, gagner dans la vie devrait toujours être votre grand objectif et ne jamais abandonner.

CHAPITRE 12

ONT DES PLANS STRUCTURÉS

Sachez quelle est votre situation réelle et où vous voulez aller, sachez si ce que vous faites est payant ou vous éloigne de votre objectif, votre vie ne devrait pas être un test pour voir si cela fonctionnera ou non, vous devez pour réussir, quoi que vous fassiez, faites toujours de votre mieux, vous devez penser que vous n'avez pas le droit d'échouer ou de faire des erreurs, car une erreur peut vous coûter la perte d'un grand projet ou l'amour de votre vie, si vous n'êtes pas bien préparé, vous pouvez rapidement perdre quelque chose momentanément accompli et avoir à peine une autre chance de reconquérir, les opportunités sont parfois uniques, alors faites maintenant un moment unique et spécial qui peut changer le sens de votre vie pour toujours, vous emmener vers ce que vous méritez, réaliser vos rêves et désirs les plus profonds.

Ne laissez pas l'insécurité ou la peur de l'échec vous empêcher de réussir, le grand saut dans votre vie se produira lorsque vous croirez et commencerez à agir. Veuillez réaliser vos rêves et vos idéaux avec plus de détermination et de détermination. Votre vie n'aura un vrai sens que si vous faites ce qui vous rend heureux et commencez à réussir vos batailles. N'essaye pas de plaire au monde, sois toi, sois motivé et inspiré par lui-même. N'attendez pas que le monde améliore quelque chose de mauvais, que vous preniez une position différente, que vous fassiez le changement que vous attendez dans le monde, que vous transformiez le monde qui vous entoure et que vous viviez selon vos idéaux.

Ne vivez pas la peur que vous allez dire ou penser à vos rêves. Pour un changement radical dans votre vie, vous aurez besoin d'une décision ferme et cohérente pour vouloir changer votre vie pour le mieux, afin que vous puissiez gagner la maison de vos rêves, la voiture de vos rêves. Arrêtez d'être juste un autre employé et souhaitez devenir propriétaire de l'entreprise. Non seulement au travail mais dans la vie, étant le propriétaire de votre propre destin, étant capable de faire les meilleurs choix que vous voulez pour votre vie, vous devez avoir le contrôle de votre vie.

Ne vous laissez pas submerger par une défaite ou un échec. Faites demi-tour et démarrez un nouveau projet, vous méritez d'être grand et pour cela vous devrez être en colère contre les gens et imposer vos idées et vos pensées, pour ne pas laisser votre essence de côté, ne rien faire juste pour plaire aux autres. La personne à qui vous devez d'abord plaire est vous-même, recherchez d'abord votre bien-être et votre bonheur et alors seulement vous pourrez plaire à ceux qui vous aiment vraiment.

Il est temps de changer la direction de votre vie, ce qui ne va pas, et de concevoir de nouvelles stratégies pour trouver de nouvelles solutions, essayer de tout rendre possible pour que vous puissiez vivre pleinement, car chaque être humain mérite d'être et d'être ce dont il rêve. Recherchez ce que vous aimez le plus et ce qui vous satisfait, faites plus que vous ne pouvez pour vivre une vie digne, chacun a le pouvoir de manifester et d'accomplir dans la vie ce qu'il veut.

Fixez une date limite pour que votre objectif soit atteint, en indiquant clairement ce que vous voulez et quand vous voulez que quelque chose soit fait, arrêtez de le remettre à plus tard, allez-y et gagnez.

CHAPITRE 13

QUEL EST VOTRE VRAI RÊVE?

Faites toujours de votre mieux pour que vos rêves deviennent réalité dans la vie, car si vous ne cherchez pas quelqu'un d'autre le fera pour vous, ne laissez jamais vos désirs vous être enlevés, cessez d'abandonner vos rêves et vivez une vie sans direction. Pour réussir dans la vie, vous devrez croire et chercher une issue qui fera de votre rêve une réalité. Soyez toujours très clair dans vos pensées que rien n'est impossible et que vous êtes capable de réaliser n'importe quel rêve. Dans la vie, les grands gagnants se surmontent dans les difficultés et les adversités, ne laissant jamais le découragement s'emparer d'eux, et ils ne sont pas débordés, car la volonté de gagner doit toujours être plus grande que la volonté d'abandonner.

Concentrez-vous sur vos buts et objectifs, les gagnants font toujours quelque chose qui semblait impossible à certains, font tout pour que leurs rêves deviennent réalité, et dans leur esprit ils ont la conviction qu'ils sont capables, ils n'ont pas cherché d'autre moyen que de réaliser vos rêves. Croire fidèlement en leurs idéaux et ne pas être submergé par les idées de personnes vaincues qui tentent d'empêcher leur succès, en disant qu'il est impossible de réaliser ce qu'ils recherchent. D'autres personnes par pure envie et par pure pensée d'incapacité de ne pas pouvoir réaliser un rêve, pensent que leurs rêves et leurs objectifs ne seront pas non plus réalisés Il faut beaucoup de détermination et beaucoup de sacrifices pour obtenir ce que vous voulez. N'attendez pas que le monde commence à vous encourager pour que vous puissiez commencer à agir, à vous remonter le moral et à commencer à vous battre. Commencez à surmonter l'adversité, à vous opposer aux insultes et au manque de soutien de vos amis et même des membres de votre famille, pour arrêter de vivre une vie médiocre et vous retrouver incapable de faire de grandes choses pour changer votre vie. Ne vous laissez jamais submerger, poursuivez vos rêves et vos réalisations, faites toujours de votre mieux pour les réaliser et n'arrêtez jamais de les poursuivre. Désormais, vous êtes un constructeur de bonnes choses, un gagnant dans votre vie et serez un réalisateur de rêves et de désirs endormis depuis l'enfance.

Quelque chose que vous rêviez d'avoir ou que vous réalisiez que le monde a fini par dire que vous ne pouviez pas et que vous avez fini par accepter, parce que vous n'aviez pas l'idée de combien vous êtes grand et puissant maintenant, vous êtes plus fort et vous savez que vous pouvez accomplir n'importe quoi dans ce monde . Même si les autres conspirent contre, vous ferez ce qui doit être fait et changerez vos pensées limitées, aurez des pensées d'abondance et de prospérité dans votre vie, cesserez de prétendre que vous vivez la vie de vos rêves et réaliserez vos rêves. . Arrêtez de vivre sans buts et objectifs dans la vie, changez de cap, ne laissez pas les événements vous emmener nulle part, faites que cela se passe selon vos souhaits, ne touchez pas la vie comme un bateau sans but et ne vous contentez de rien. Pensez que ce n'est pas le monde qui va contre vous, c'est vous qui ne faites pas de votre mieux pour obtenir ce que vous voulez. Arrêtez de vous sentir vaincu dans la vie et sentez que vous êtes digne et digne de la grandeur dans votre vie.

Vous pouvez le faire si vous voulez quelque chose de réel, définissez ce que vous voulez, quel est votre vrai rêve et ce que vous aimez vraiment, et que les rêves de votre enfant devraient se réaliser, si ce que vous avez fait jusqu'à présent ne vous a pas permis de réussir il est souhaitable de changer d'attitude et de prendre d'autres décisions pour aller dans la bonne direction. Éveillez votre vrai potentiel, survivre ce n'est pas vivre pour de vrai, c'est simplement laisser passer la vie, comme un «mort-vivant», car rien de bon et de nouveau ne se passera dans votre vie si vous ne réagissez pas et commencez à agir, arrêtez d'avoir une routine sans objectifs, levez-vous, dormez, réveillez-vous et travaillez juste pour payer les factures.

Comprenez que ce n'est pas vivre pleinement, sans laisser un héritage aux nouvelles générations, cesser d'être comme des millions de personnes qui traversent la vie et sont médiocres, sans réaliser de grands rêves. Si vous voulez quelque chose de mieux, vous devrez le chercher, alors il est préférable de se lever d'où vous êtes et d'arrêter d'essayer et d'abandonner, et de commencer à faire le possible et même l'impossible pour réaliser vos rêves.

CHAPITRE 14

O VOUS CONCENTREZ-VOUS SUR VOS PENSÉES?

Où vous gardez le focus de vos pensées, si vous vivez une vie de déception de dégoût, vous êtes loin de tout ce que vous aimez et aimez, vous concentrez vos pensées dans la direction opposée à ce que vous aimez le plus, et si vous voulez vous manifester rêves et désirs, vous devrez changer vos pensées qui se limitent à ne chercher que des défaites dans votre vie.

Ce sont vos pensées qui vous permettront d'obtenir de bons résultats dans votre vie, et d'obtenir ce que vous voulez, de produire les bonnes pensées et vous obtiendrez le résultat que vous attendez. Il ne suffit pas d'être convaincu par des mots, vous devrez agir, si vous pensez être limité et incapable, vous devrez changer et devenir une nouvelle personne, pour réussir et être suffisamment capable de surmonter les obstacles, car au plus profond de votre pensées, vous savez que vous êtes capable et que vous voulez atteindre vos objectifs, alors concentrez-vous toujours sur ce que vous voulez, sacrifiez-vous jusqu'à ce que vous atteigniez le sommet. La victoire ne vous sera pas donnée facilement, vous devrez gagner et si vous ne réussissez pas et parce que vous n'avez pas fait le sacrifice nécessaire, vous êtes votre plus grand adversaire, parce que si vous vous mettez dans un esprit incapable de nouvelles conquêtes, vous n'accomplirez jamais rien, mais si vous pensez que vous allez réaliser, vous obtiendrez ce que vous cherchez, ce que vous avez prévu et tout ce que vous déterminez et croyez possible dans votre vie, vous accomplirez.

Vous avez été endoctriné qu'il y a des limites à la réalisation de vos rêves, vous avez vous-même permis une vie limitée. Comment voulez-vous recevoir la grandeur dans votre vie si vous sentez que vous ne la méritez pas? Les milliardaires, des gens de grande fortune, n'ont réussi que parce qu'ils avaient des pensées de grande richesse et que l'argent est une bénédiction dans leur vie, qu'ils sont dignes d'avoir ce qu'ils ont, parce qu'ils savent que le succès est en eux et non dans les choses et les gens , et fixez-vous pour objectif de toujours prospérer et d'avoir tout ce qu'ils voulaient.

Si vous avez un objectif, allez-y et rencontrez le succès, surmontez les obstacles, comme ils vous ont été gravés dans votre esprit enfant.

Si vous avez vécu et grandi dans une vie limitée et que vous croyez ne pas être digne de l'abondance, vous attirerez et aurez des limites dans votre vie. Mais si vous croyez et vous permettez à la grandeur de se produire dans votre vie, changez cette mentalité de limitations et d'excuses dans votre vie, fixez vos pensées sur l'endroit où vous voulez aller, vous avez des conditions et vous pouvez y arriver, même si vous n'avez pas la capacité nécessaire pour accomplir, mais si vous avez le rêve et la détermination, vous attirerez le succès, ce que vous voulez et concentrez vos pensées vous attirez, tant que vous vous concentrez sur le manque d'argent et d'abondance, vous ne vous développerez pas, changez mentalement à partir d'aujourd'hui, gardez à l'esprit que vous êtes un gagnant et que tout sera possible pour vous. Souvenez-vous de la phrase qui dit "Dieu ne choisit pas les qualifiés, IL donne le pouvoir aux élus".

T'aime d'abord et n'arrête pas de te battre pour une vie meilleure, permets le changement dans ta vie et accepte que tu es capable d'accomplir tout ce que tu veux, et que c'est vraiment possible, sache ce que tu veux vraiment, le cela devient réalité dans votre vie, si vous saviez qu'aujourd'hui était votre dernier jour de vie, vous vous réveilleriez d'une autre manière, et ne laisseriez pas un moment négatif vous empêcher de chercher quelque chose que vous voulez, car vous seriez sûr qu'il n'y aurait pas demain et aucune peur ne vous arrêterait. Vous prendriez plus de risques et arrêteriez de faire presque tout ce que vous faites.

Si aujourd'hui vous étiez sûr que c'était vos derniers jours, vous chercheriez à réaliser ce rêve, et je dirais que je vous aime, aux gens que vous aimez tant, et de peur d'être ignoré, vous auriez du mal à passer une journée merveilleuse et parfaite avec l'achèvement de un projet avec beaucoup de style. Aujourd'hui, vous pouvez faire une erreur et ne pas être votre dernier jour, mais vous pouvez faire les choses correctement et vous n'aurez pas besoin d'avoir l'opportunité de rendre demain différent, de vouloir vivre une vie parfaite, de suivre vos idéaux et un jour vous vous réveillerez et ce sera votre dernier jour de vie et Je ne sais pas si vous aurez une lumière divine qui dira que c'est votre dernier jour, alors remplissez votre mission de rechercher et de réaliser vos rêves à partir de maintenant.

Vos pensées façonnent votre réalité, si votre salaire est bas et qu'il ne vous offre pas une vie agréable, c'est pour la raison que vous pensez qu'il est petit, que votre mentalité est de vivre du salaire minimum. Tout est possible pour ceux qui croient et cherchent à permettre et à être heureux, à avoir une vie meilleure, à ne pas travailler dans un emploi qui vous paie moins que ce que votre capacité de production offre et ne vous offre pas une bonne qualité de vie pour vous et votre famille.

Faites ce qui doit être fait, cherchez un meilleur travail, essayez de vous qualifier pour produire plus et mieux, ne devenez pas petit, concentrez-vous et sentez que vous méritez peu dans votre vie vous aurez peu et vivrez une petite vie, mais vous êtes grand, développez votre esprit, élargissez votre conscience, marchez comme un gagnant et présentez-vous toujours comme un millionnaire, ne laissez pas les énergies négatives et basses vous décourager, et si vous n'êtes pas à l'écoute de vos rêves de richesse, que vous voulez tellement attirer , combien vous voulez avoir et avoir dans votre vie, pensez au montant que vous voulez avoir sur votre compte bancaire, marquez-le sur un papier et pressez-le dans votre portefeuille, vibrez avec l'harmonie de ce montant que vous voulez avoir dans votre compte bancaire.

Il y a plusieurs façons de devenir millionnaire, ne vous limitez pas à vouloir simplement devenir riche en gagnant des millions de reais à la loterie, vous pouvez être un entrepreneur millionnaire, avoir une idée qui peut transformer le monde et faire de vous le nouveau millionnaire. Ne vous limitez pas à une seule option, le chemin du premier million est vaste et il n'y a pas d'opportunité unique, mais pour le réaliser, vous devez vraiment le vouloir, créer votre avenir et une vie réussie, avoir des pensées positives et une attitude positive si et il y a comme un millionnaire et vous deviendrez la personne que vous avez toujours voulu être, un vrai champion du succès.

CHAPITRE 15

NE JAMAIS QUITTER PLUS TARD

Le moment idéal pour passer à l'action et faire un choix est maintenant, car vous avez tout ce dont vous avez besoin, n'attendez jamais plus tard si vous devez faire ou changer quelque chose d'important, le monde peut tourner mais les opportunités ne se présentent pas toujours à vous , le cours que vous suivez aujourd'hui mène à un chemin, et si vous prenez un mauvais virage, vous ne pourrez jamais trouver une issue qui vous mènera au chemin précédent. Pour revenir et recommencer le chemin qui a été laissé derrière, parfois le temps est long, faites de votre mieux pour le faire et laissez-le pour un autre moment, cela vous donnera mal à la tête et vous enlèvera de votre vie votre objectif qui est si proche aujourd'hui, et qu'après, il sera loin, ou peut-être que la personne que vous aimez le plus n'entrera plus jamais dans votre vie, aujourd'hui il sera peut-être seul, mais demain, il pourra vivre avec une autre personne, ou il peut avoir et faire des choses que vous n'aimez pas, mais la vie il doit être vécu intensément, le meilleur de la vie est maintenant, vivre toujours en avant.

Dans la vie, les opportunités sont rares, sauf si vous pensez et croyez avec une grande foi, que le créateur créera l'opportunité que vous pensez idéale, celle que vous voulez, mais pour que vous ayez ce que vous voulez, vous devrez agir et agissez de la bonne manière et au bon moment, pensez ce que vous voulez et avec une grande foi, le pouvoir de manifestation et d'accomplissement apparaîtra dans votre vie.

Les gens ne se rendent pas compte qu'ils passent toute leur vie à payer facture après facture, ils sont stressés lorsqu'ils ne peuvent pas payer un rendez-vous, ils perdent des emplois et des mariages faute de contrôle financier, et surtout parce qu'ils ne contrôlent pas leur impulsion, ils s'endettent et achètent ce qu'ils veulent. ils n'en ont vraiment pas besoin, ils financent une voiture et pensent qu'ils la possèdent simplement parce qu'ils ont payé certains versements, et quand ils laissent les versements retardés et que la banque la prend, ils se rendent compte qu'ils ne possèdent rien, dans la vie, les gens vivent aussi sous le contrôle des circonstances, ils le font des choses en période de désespoir, que si vous étiez dans une situation confortable, elles ne le feraient jamais.

Cela peut ne pas en avoir l'air, mais faites attention à ce que vous dites ou faites, car vous êtes l'inspiration et la direction de quelqu'un, ayez toujours votre objectif clair et sachez que le passé des gens sont des événements déjà perdus dans le temps et l'espace, des pensées négatives vous mènera à une vie misérable et vous éloignera des personnes qui réussissent, car le succès attire le succès. Nous sommes des aimants qui attirent les mêmes charges positives ou négatives, si vos croyances disent que l'argent est mauvais et que les mauvaises personnes ont beaucoup d'argent, vous ne serez jamais millionnaire et peu importe combien vous essayez de nager à contre-courant, vous vous noyer au milieu à la mer des illusions et des déceptions dans la vie, parce que vous marchez dans la direction opposée de ce que vous croyez, et il sera impossible de réussir si vous avez des limites dans votre esprit, donc, si vous voulez vraiment changer, il est nécessaire de penser et de rechercher les pensées et les attitudes d'un personne millionnaire. Les gens qui réussissent ne font rien pour plaire à personne, suivent fidèlement leurs idéaux et ne renoncent jamais à ce qu'ils veulent vraiment, n'ont aucun doute que c'est possible, ne s'installent jamais dans la zone de confort, lorsqu'ils dépassent les limites, ils savent qu'ils peuvent faire beaucoup plus .

Combien de rêves sont laissés derrière par peur de l'échec, peur de ce que les gens vont dire, même quand les gens et leurs peurs vont vous élaguer, même quand ce qui vous empêche de conquérir est votre manque d'attitude, si vous vous réinventez vous n'avez pas ce que vous voulez, faites de votre mieux pour obtenir l'argent dont vous avez besoin et pour démarrer votre propre entreprise, pour avoir la voiture de vos rêves, ce sont les limites et les barrières que vous vous êtes créées en disant que vous n'êtes pas en mesure de réaliser ce que vous êtes vous empêchant d'être et d'avoir ce que vous méritez.

Tous les trésors du monde peuvent être à vous si vous vous efforcez de conquérir. Ne faites pas tout comme avant, car les résultats seront absolument les mêmes qu'avant, faites-le différemment, ayez une posture et des attitudes différentes, les résultats ne changeront que si vous changez votre façon de voir la vie et le monde qui vous entoure. Derrière chaque porte, il y a une opportunité et un avenir différent que nous pouvons vivre.

Chacun mènera sa vie vers un certain résultat, et à chaque aube, nous avons la possibilité de continuer à faire ce que nous faisons, ou si nous voulons changer ce qui n'est pas bien, nous devons ouvrir de nouvelles portes afin que nous puissions découvrir une nouvelle direction dans notre vie.

Ce qui commande votre destin, votre émotionnel, vous mènera vers des chemins et des routes très indésirables. Désormais, votre raisonnement ne voit que des chemins clairs et objectifs qui vous mèneront au succès, mais des sacrifices seront nécessaires, alors que beaucoup ont des loisirs le week-end et l'été, si vous voulez vous différencier des autres et réussir, vous devrez vous préparer et cherchez à être meilleur chaque jour, alors que vos concurrents perdent du temps à faire des choses inutiles qui n'ajoutent pas de valeur et de connaissances, vous devrez aller après vous être amélioré, à la fois mentalement pour avoir un esprit et psychologique inébranlables, et pour grandir spirituellement, plus vous serez en phase avec le créateur de l'univers, plus vous serez proche des victoires.

Ne laissez rien vous affecter et vous déranger, restez concentré sur votre objectif, commencez à vivre avec des habitudes plus saines, commencez à bien manger, aujourd'hui cela ne vous affectera peut-être pas, mais vous nuirez à votre santé si vous avez de la nourriture dans votre vie mauvais, passez avec une bonne alimentation aujourd'hui pour ne pas dépenser en médecins et en médicaments coûteux pour pouvoir prendre soin de votre santé. Votre alimentation d'aujourd'hui aura un impact sur votre santé à l'avenir, alors pratiquez un sport même si c'est un passe-temps.

Combien de rêves ont été laissés derrière, parce que les gens laissent la peur prendre le dessus et échouent, ne laissez pas vos peurs ou les gens vous empêcher de réaliser vos rêves, ne laissez pas votre manque d'attitude vous empêcher d'avoir le vous méritez, commencez à vous efforcer d'obtenir ce que vous voulez tant, peu importe si vous voulez plus d'argent, si c'est une voiture de sport que vous voulez ou même cette belle Ferrari, qui est votre rêve de consommation depuis que vous êtes enfant.

L'univers ne vous a pas fixé de limite ou de barrière qui vous empêche d'atteindre ce que vous voulez. S'il y a des barrières qui vous empêchent de vaincre c'est vous qui les avez créées, tout le trésor et le confort qui existent dans l'univers peuvent être à vous, croyez simplement que c'est possible, arrêtez de vous plaindre de la malchance dans votre vie et allez au combat, car vous il est l'un des nombreux héritiers du créateur de l'univers, et s'il est digne et est un fils dévoué et engagé, il atteindra le résultat qu'il désire tant.

Vous êtes digne de tous les trésors qui existent dans le monde, assez pour penser qu'il est trop tard pour poursuivre un objectif, ne vous limitez pas dans le temps ou dans l'espace, ne vous laissez pas blâmer de ne pas essayer de vous suivre dans votre vie.

CHAPITRE 16

CE QUE VOUS VOULEZ VRAIMENT EST POSSIBLE!

Arrêtez de vivre pour réaliser les rêves que vos parents, votre famille et vos amis veulent que vous fassiez, recherchez le métier qui vous plaît et vous rend heureux, arrêtez de vivre par les apparences et prétendez être qui vous n'êtes pas, arrêtez d'essayer de plaire à tout le monde en partant fais ce que tu préfères. Ne sacrifiez pas votre temps pour plaire aux autres, car le temps perdu ne peut être rattrapé. Lorsque vous entrez dans un défi et perdez de l'argent, vous pouvez recommencer et récupérer l'argent perdu. À partir d'aujourd'hui, arrêtez de faire ce que vous n'aimez pas. Essayez de faire ce qui vous rend heureux, n'attendez pas que le monde vous idolâtre, soutenez vos projets, pensez à vous d'abord et essayez de faire ce que vous aimez le plus, car pour plus de bonnes choses, vous pouvez faire pour quelqu'un la première fois déplaire aux autres, ils vous abandonneront et vous trouveront perdant.

Il est impossible de plaire à tout le monde car il est également impossible de tout gagner dans la vie, mais ce que vous croyez jour et nuit, assurez-vous de rechercher l'accomplissement, prêt à recommencer autant de fois que nécessaire pour accomplir, rien ne détournera l'attention de votre objectif et tout ce sera plus facile pour obtenir ce que vous voulez, car croire en vous est essentiel pour déterminer que vous atteigniez votre objectif.

Il y a des gens qui traverseront votre vie et qui voudront vous faire sentir comme un échec secouant votre psychologique et disant que vous n'êtes pas en mesure d'accomplir ce que vous cherchez, au début cela vous blessera, vous serez déconcerté, sans but et vous ressemblerez vraiment n'est pas capable, mais alors vous vous sentirez en colère et n'accepterez pas que vous soyez incapable de réaliser quelque chose que vous aimez beaucoup, car votre rêve doit être plus grand que l'opinion de quelqu'un, réveiller la bête du guerrier en vous et déclarer la guerre, pas avec des mots, mais avec des attitudes, contre tous ceux qui se disent incapables, à partir de maintenant vous allez plus qu'essayer, vous gagnerez même, parce que vous êtes un champion et méritez tout le succès que vous voulez.

Vous êtes un succès en personne, mais vous voulez non seulement avoir le droit à la victoire, car il est de votre devoir de vous battre, pour gagner, mais que de vouloir que vous ayez tout le potentiel pour aller n'importe où et obtenir n'importe quelle victoire, au début les gens n'achèteront pas votre rêve mais c'est vous qui devez croire avant tout que votre rêve est possible, vous êtes le seul à pouvoir intercéder et changer l'itinéraire de votre destination, être ferme et croire en ce que vous recherchez. Parce que vous n'avez rien à perdre si vous surmontez vos peurs et essayez d'aller à la recherche de ce que vous voulez et de vous arrêter une fois pour toutes, en pensant que c'est ce que je veux fonctionnera, le meilleur moyen est d'essayer car si vous pensez que vous avez déjà perdu alors quelle différence cela vous fera vous battre et perdre, mais si vous y allez et gagnez, il y aura une grande différence, vous obtiendrez quelque chose que même vous pensiez inattendu, alors permettez-vous de profiter de grandes choses dans votre vie ne laissez pas votre peur l'emporter, croyez-le et allez-y et gagner.

CHAPITRE 17

NOUS SOMMES NÉS TOUS GAGNANTS

Soyez différent, arrêtez d'être égal aux autres, à travers le long voyage de la vie, vous vous êtes perdu en vous éloignant de votre véritable identité, avec tant de déceptions et de défaites et avez commencé à sentir et à accepter que vous êtes vaincu, laissant les événements quitter votre esprit s'endormir, mais cela n'a été que momentané dans sa vie, car nous sommes tous nés gagnants, et quand les enfants vivent sans peurs ni limites, l'opinion des autres, qui ne fait que nous nuire. Lorsque nous atteignons l'âge adulte, nous réalisons que nous sommes le reflet de notre des choix souvent erronés, laissant les émotions l'emporter sur la raison, car nous cherchons toujours la solution la plus simple, qui mène à une petite vie. En essayant de plaire aux autres, en suivant une vie que les gens pensent qu'il vaut mieux vivre, en cessant d'être victorieux et en devenant plus petit dans la vie. Soyez prêt à reprendre le contrôle de votre destin, ne laissez pas les personnes faibles vous affaiblir, suivez votre vie du côté des personnes intrépides pour devenir une personne forte, ayant toujours le courage de se battre pour vos idéaux, quoi qu'il arrive le monde réfléchira et parlera de leurs choix et attitudes, nous ne devons pas nous plier aux autres juste pour être agréables. Ne laissez pas les défaites faire de vous qui vous n'êtes pas. Parfois, vous aurez l'impression que le défi est plus grand que vous et que vous en avez assez fait, mais continuez à persister, car vous êtes capable, allez-y, ne laissez pas les défaites vous accompagner tout au long de votre vie, car seule une attitude drastique le fera. impact sur le résultat final de votre vie. Plus besoin de dire que vous allez changer et continuer à faire les mêmes erreurs qu'avant, en donnant l'impression que vous ne voulez pas changer, car il n'y a pas de formule magique pour réussir, ou votre vie change soudainement, ou vous finissez par abandonner et le changement ne se produit pas, vous qui êtes un gagnant devez persévérer jusqu'à ce que vous obteniez le succès mérité.

Allez au-delà de la similitude que vous vivez et réveillez tout votre potentiel dormant et vivez la vie dont vous avez toujours rêvé. Soyez un créateur plus productif et arrêtez d'être juste un rêveur et croyez que tout ce que vous voulez est possible pour ajuster vos pensées pour créer le que vous avez besoin de transformer votre vie, en vous avez le potentiel d'avoir assez d'enthousiasme pour insister au lieu d'abandonner, les vrais chemins de la victoire sont difficiles et épines, mais si vous voulez prendre possession de vos victoires, vos conquêtes devront être triomphées par des batailles qui vous avez réalisé les réalisations souhaitées vous êtes un être magnétique et attirerez tout ce que vous vibrez en harmonie, car ils sont équivalents à ce que vous pensez et ressentez attirera vos désirs vous pouvez plus que vous ne l'imaginez et pouvez prendre possession de toutes les victoires et atouts qui n'ayez pas peur de

conquérir et de dépasser vos limites pour transformer vos rêves en

réalité, car en tant que fils du créateur de cet immense univers, il

vous fera un cadeau avec tout ce que vous voulez et si vous

pensez que vous êtes capable, le créateur de l'univers vous

montrera le chemin, aura la volonté et la détermination de passer à

autre chose, car seuls ceux qui n'abandonneront pas au milieu de la

bataille gagneront, peu importe si la bataille est faites face sachez

que vous pouvez gagner, même si vous perdez soyez humble et

sage d'attendre ou créez l'occasion idéale de faire un gagnant afin

que vous soyez un perdant il y a un gagnant, le créateur vous a

donné la liberté de penser et d'agir plus comprendre que il ne veut

pas vous voir souffrir et il sera toujours avec vous quel que soit le

chemin que vous empruntez car le créateur et vous êtes juste un

être et ensemble vous êtes imbattable et pouvez surmonter

n'importe quelle bataille ou difficulté, vous vous voyez comme petit

alors vous avez vécu un vivez plein de limitations et de difficultés,
ne soyez plus limité, vous pouvez avoir et soyez tout ce dont vous
rêviez, car vous êtes digne de grandes réalisations dans votre vie.

Ayez le courage d'aller au bout de vos rêves, ne réfléchissez plus et
même si votre entourage veut vous décourager, passez votre temps
à croire que votre rêve dépend de vous, votre épanouissement
personnel est votre seule responsabilité chaque année. passer plus
d'expérience que vous acquerrez, quel que soit votre âge si vous
voulez quelque chose pour démarrer et être audacieux, courage et
détermination pour accepter vos rêves, ne soyez pas un aventurier
qui abandonne lorsque des obstacles apparaissent qui semblent
insurmontables, proposez des buts et des objectifs et qu'il en soit
ainsi plus discipliné en gardant l'accent sur le réalignement même si
la majorité qui est à leurs côtés ne croit pas que cela ne les laisse
pas décourager et rechercher la force intérieure, ne pas laisser les
gens et les adversités influencer et prendre soin de ce qui devrait se

passer dans leur la vie, avec un esprit fort et des pensées que vous pouvez et un désir brûlant qui ne disparaîtra jamais, vous pouvez aller plus loin que vous ne le pensez et surmonter des limites que vous n'auriez jamais pensé pouvoir suives, essayez de voir le monde d'une manière différente et peu importe les expériences de votre passé, votre vie sera désormais remarquable, peu importe à quel point votre rêve ou votre objectif est éloigné, il faut commencer et ne pas se laisser submerger par l'opinion et quoi veut des obstacles qui pourraient vous faire penser à abandonner.

Lâchez votre passé pour de bon et commencez à agir et à penser d'une manière totalement différente si vous voulez avoir des résultats complètement différents parce que vous êtes destiné à gagner, et ne laissez pas les perturbations et la peur vous faire perdre vos rêves et votre but. , assez de vivre une petite vie, n'acceptez plus le peu comme quelque chose, ayez un plan et une stratégie définis pour surmonter vos obstacles, ne laissez pas l'indécision prendre le dessus sur vous, qui pense beaucoup et laisse la peur prendre soin de vous de votre essence et prendra de mauvaises décisions et laissera votre vrai moi celui qui est né et le gagnant restera endormi, arrêtera de mener votre chemin vers plus de défaites, changera la route des échecs une fois pour toutes et mènera votre vie à travers les bonnes décisions pour que vous arriviez là où vous le souhaitez, ne vous arrêtez pas avant de gagner, car vous êtes un champion.

DÉVOUEMENT

Je dédie ce livre au créateur de l'univers qui m'a offert le don d'écrire et à travers les mots motive et montre aux gens que leurs rêves et leurs objectifs sont possibles et que grâce à la volonté et à la détermination, ils peuvent réaliser un rêve.

.

9 798566 502977